Kleinkind
Betriebsanleitung

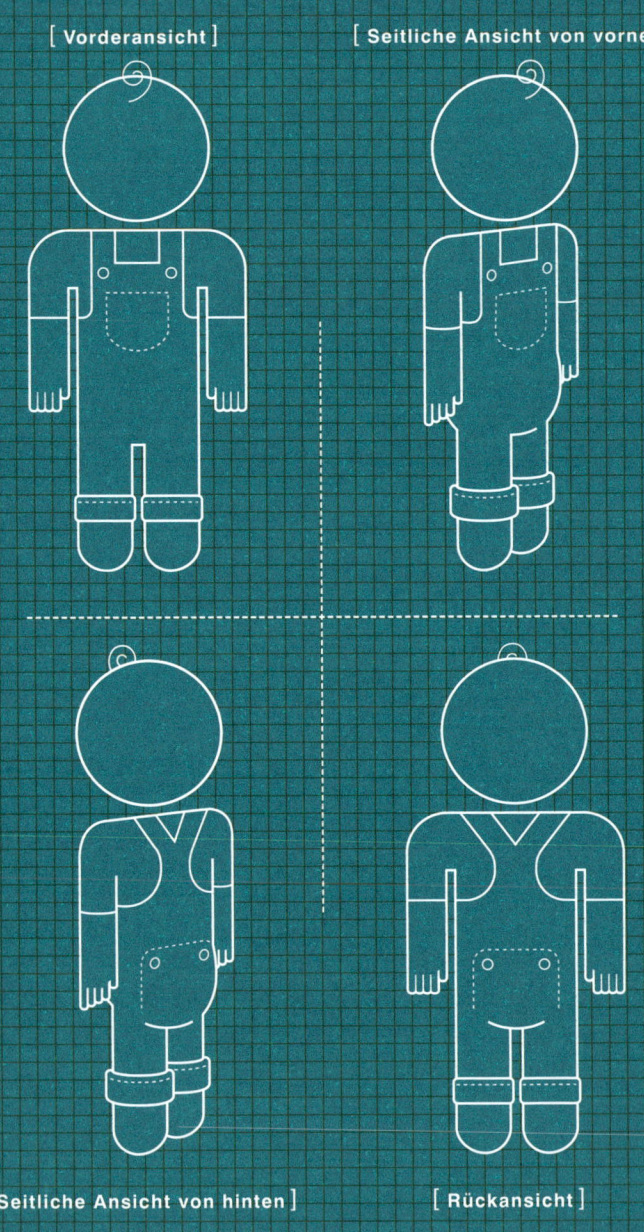

Kleinkind
Betriebsanleitung

INBETRIEBNAHME, WARTUNG UND
INSTANDHALTUNG

Dr. Brett R. Kuhn / Joe Borgenicht

Illustrationen von Paul Kepple und Jude Buffum

Aus dem Amerikanischen von Birgit Franz

mosaik

Alle Ratschläge in diesem Buch wurden von den Autoren und vom Verlag sorgfältig erwogen und geprüft. Eine Garantie kann dennoch nicht übernommen werden. Eine Haftung der Autoren beziehungsweise des Verlags und seiner Beauftragten für Personen-, Sach- und Vermögensschäden ist daher ausgeschlossen.

Verlagsgruppe Random House FSC® N001967
Das für dieses Buch verwendete FSC®-zertifizierte Papier
Maxioffset von UPM liefert IGEPA.

1. Auflage
Deutsche Erstausgabe August 2015
© 2015 der deutschsprachigen Ausgabe
Wilhelm Goldmann Verlag, München,
in der Verlagsgruppe Random House GmbH
© 2005 by Quirk Productions, Inc.
All rights reserved.
Originaltitel: The Toddler Owner's Manual. Operating Instructions,
Trouble-Shooting Tips, and Advice on System Maintenance
Originalverlag: Quirk Books, Philadelphia, Pennsylvania
Umschlaggestaltung: Zeichenpool,
unter Verwendung eines Entwurfs von Headcase Design
Umschlagillustration: © 2005 Headcase Design
Layout & Illustrationen: Paul Kepple und Jude Buffum © 2005 Headcase Design
Redaktion: Kerstin Uhl
Satz: Lorenz & Zeller, Inning a. A.
Gesamtherstellung: Print Consult GmbH, München
KW · Herstellung: IH
Printed in the Czech Republic
ISBN 978-3-442-39273-5

www.mosaik-goldmann.de

Inhalt

UPGRADE: VOM BABY ZUM KLEINKIND 12

KAPITEL 1
UPDATES FÜR TRANSPORT UND ZUHAUSE 16
Updates für Zuhause 18
- Updates für das Kinderzimmer............................. 18

Updates des Zubehörs.. 22
Updates der Transportmittel.................................. 26
- Autositze 26
- Fahrzeuge 28

KAPITEL 2
ALLGEMEINE NUTZERHINWEISE........................ 30
Tragen und Halten des Kleinkindes............................ 32
- Aufnehmen des Kleinkindes............................... 32
- Schultersitz 33
- Rucksacksitz 36

Trösten des Kleinkindes...................................... 36
- Loben... 37

Spielen mit dem Kleinkind 38
- Gemeinsames Spielen 38
- Musik und Tanz.. 40
- Spielzeug.. 41
  - 12 bis 24 Monate...................................... 41
  - zwei bis drei Jahre..................................... 43

Reisen mit dem Kleinkind..................................... 46
- Autoreisen... 46
- Flugreisen 46
  - Reisevorbereitung 46
  - Abreisetag 49

KAPITEL 3
FÜTTERN: ENERGIEVERSORGUNG.......................... 50
Entwöhnung vom Stillen oder Füttern mit der Flasche................ 52
- Selbstentwöhnung 52
- Aktive Entwöhnung... 52

Kraftstoffrichtlinien.. 55
- Allgemeine Ernährungsrichtlinien............................. 55
  - Die Ernährungspyramide 56
  - Getreide... 57
  - Obst und Gemüse...................................... 57
  - Milchprodukte 57
  - Eiweiß.. 58
  - Ungeeignete Nahrung.................................. 58
- Flüssigkeitszufuhr 59
  - Milch.. 60
  - Wasser.. 60
  - Säfte.. 60
  - Saftentwöhnung.. 61
  - Ungeeignete Getränke 61

Programmierung der Esszeiten 62
Training zum selbstständigen Essen............................... 64
- Umstellung von Trinklerntasse auf normale Tasse 65

Programmierung des Essverhaltens 66
- Neuprogrammierung des Modells »Heikler Esser« 67
- Neuprogrammierung des Modells »Will-nicht-essen« 69
- Neuprogrammierung des Modells »Süßer Zahn« 72

Essstörungen 75

KAPITEL 4
PROGRAMMIERUNG DES SCHLAFMODUS 76
Konfigurieren des Schlafbereichs 78
- Wechsel vom Gitter- zum Kinderbett.......................... 78
- Gemeinsam mit dem Kleinkind schlafen 79

Upgrades im Schlafmodus verstehen 81
- Morgen- und Mittagsschlaf 81
    12 bis 20 Monate 82
    21 bis 30 Monate 82
    Drei bis vier Jahre 82
Selbstständiges Booten des Schlafmodus 83
- Installieren des selbstständigen Bootens des Schlafmodus 85
    Ignorieren bei elterlicher Anwesenheit 86
    »Der wandernde Stuhl«-Methode 86
    »Ich komme gleich wieder«-Methode 86
- Abstellen frühkindlicher Bettflucht 87
- Neuprogrammierung des Schlafmodus auf Reisen 88
Schlafstörungen 90
- Albträume 90
- Nachtängste 91
- Nächtliches Spielen 95

KAPITEL 5
INSTANDHALTUNG UND TRAINING 96
Abfallentsorgung 98
- Upgrades beim Windelwechsel 98
- Programmierung auf selbstständige Abfallentsorgung 99
    Anzeichen für die Bereitschaft des Kleinkindes 99
    Vorbereitungen zur Neuprogrammierung 101
    Neuprogrammierung: Die Schritt-für-Schritt-Methode 104
    Neuprogrammierung: Intensivtraining 105
    Training für die Nacht 106
    Öffentliche Toiletten 107
Training zur Selbstreinigung des Kleinkindes 108
- Selbständiges Waschen 108
- Haare waschen 108
- Hände waschen 110
- Zähne putzen 111

Training zum selbstständigen Anziehen 112
- Installieren von Unterwäsche und Hosen...................... 113
- Installieren von Oberteilen 113
- Installieren von Socken und Schuhen 116
- Installieren von Jacken 118
- Handhabung von langsamen oder »Will-nicht«-Modellen 118

KAPITEL 6
WACHSTUM UND ENTWICKLUNG **120**
Körperliches Wachstum und Entwicklung........................ 122
- Zähne.. 125
- Bewegung und Beweglichkeit 126
- Körperliche Entwicklungsstufen 126
    12 bis 18 Monate....................................... 127
    18 bis 24 Monate....................................... 128
    24 bis 30 Monate....................................... 128
    30 bis 36 Monate....................................... 128
Sprachentwicklung... 129
- Sprachliche Entwicklungsstufen............................. 130
    12 bis 18 Monate....................................... 130
    18 bis 24 Monate....................................... 130
    24 bis 30 Monate....................................... 131
    30 bis 36 Monate....................................... 131
Emotionale und soziale Entwicklung............................ 132
- Emotionale und soziale Meilensteine........................ 133
    12 bis 18 Monate....................................... 133
    18 bis 24 Monate....................................... 133
    24 bis 30 Monate....................................... 134
    30 bis 36 Monate....................................... 134
Training für Außer-Haus-Betreuung............................. 135
- Bewältigen von Trennungsängsten 138
Training zur Selbstbeschäftigung............................... 142

Entfernen von Beruhigungseinheiten............................ 144
- Daumen- und Fingerlutschen............................... 145
Vorbereitung auf die Lieferung eines Zweitmodells 148

KAPTIEL 7
ERZIEHUNG... 152
Upgrade der Verhaltensregeln................................. 154
Konkrete Strategien zur Installierung von Regeln................... 156
- Differenzierte Aufmerksamkeit 156
- Verbale Verwarnung 159
- Positive Formulierung von Aufforderungen 159
- »Korrigieren« oder »Reparieren«............................ 160
- Wegnehmen eines beanstandeten Gegenstands 160
- Auszeit.. 161
Fehlerbehebung: Kombinieren von bestimmten
Erziehungsmethoden mit bestimmtem Fehlverhalten................ 165
- Maßnahmen für Benehmen der Kategorie A 166
    Beißen 166
    Schlagen, Treten, Schubsen, Zwicken oder Spielzeug werfen.. 167
    Essen werfen.. 167
- Maßnahmen für Benehmen der Kategorie B 168
    Wutanfälle 168
    Quengeln... 169
Installieren fortgeschrittener Verhaltensfunktionen 170
- Installieren der korrekten Reaktion auf »Nein!« 170
- »Bitte« und »Danke« sagen................................ 171
- Warten.. 172
- Sich abwechseln.. 172
- Teilen... 173
- Sich selbst beruhigen.................................... 174
- Einfachen Anweisungen folgen 176

KAPTIEL 8
SICHERHEITSHINWEISE UND NOTFALLVERSORGUNG 178
Sichere Umgebung für Kleinkinder 180
- Generelle Sicherheitsstrategien 180
- Kinderzimmerstrategien 182
- Badezimmerstrategien 183
- Küchenstrategien 184
- Wohn-/Esszimmerstrategien............................... 185
- Strategien für draußen 185

Heimlich-Handgriffe und Herz-Lungen-Reanimation................ 187
- Erkennen von Atemproblemen............................. 187
- Anwendung der Heimlich-Handgriffe........................ 188
- Durchführung der Herz-Lungen-Reanimation 190

Messen der Körpertemperatur................................... 193

Medikamente verabreichen..................................... 194
- Einnahme von Medikamenten 194
    Download bei einem »Will-nicht«-Modell 195

Medizinische Versorgung....................................... 198
- Ausschläge 198
- Bienenstiche 198
- Beulen und blaue Flecken 199
- Fieber.. 200
- Giftefeu 201
- Giftstoffkontrolle 201
    Giftstoffe im Haushalt 202
- Knochenbrüche.. 202
- Kopfverletzungen 203
- Läuse... 203
- Mittelohrentzündung 204
- Nahrungsmittelallergien 205
- Schnitte und Abschürfungen 206
- Sehvermögen 206

- Streptokokken 207
- Stromschläge 207
- Verletzungen durch Tiere 208
- Verbrennungen 209
    Behandlung von Verbrennungen ersten und zweiten Grades.. 209
- Verschluckte Objekte/Objekte in der Nase 211
- Zahnverletzungen 211

ANHANG 213
Toiletten-Tagebuch 214
Kleinkind-Schlaftabelle 216
Register 217
Die Autoren / Die Illustratoren 224

Upgrade:
Vom Säugling zum Kleinkind

VERSION 1.0   **VERSION 2.0**

ACHTUNG!

Die Anweisungen und Informationen in diesem Buch beziehen sich auf Modelle im Alter von 12 bis 48 Monaten. Falls Ihr Modell außerhalb dieser Bandbreite rangiert, können möglicherweise Fehlfunktionen der hier beschriebenen Spezifikationen auftreten.

Herzlichen Glückwunsch zum Upgrade Ihres Babys.

Nach dem Upgrade zum Kleinkind sind häufig Korrekturen von Programmfehlern sowie Neuprogrammierungen notwendig. Obwohl Kleinkindmodelle von Ausführung zu Ausführung stark variieren, verzeichnen alle ein enormes Wachstum und eine enorme Entwicklung. Mit diesen Veränderungen gehen vermehrt Machtkämpfe einher. Dieses Buch ist ein umfassendes Benutzerhandbuch, mit dessen Hilfe Sie das maximale Potenzial und optimale Abläufe bei Ihrem Kleinkind sicherstellen. Es bietet Ihnen vielfach praxisgetestete Anwenderstrategien zur Durchführung der wichtigsten Updates im Alter von ein bis vier Jahren.

Sie brauchen nicht das ganze Buch von vorne bis hinten zu lesen. Da alle Kleinkinder variieren, ist dieses Buch in verschiedene Kapitel aufgeteilt. Haben Sie eine Frage oder ein Problem, schlagen Sie einfach im entsprechenden Kapitel nach.

Updates für Transport und Zuhause: Gibt Ihnen Empfehlungen, wie Sie Ihr Zuhause für das Kleinkind aufrüsten. Das Kapitel enthält nützliche Tipps zur Konfigurierung des Kinderzimmers, zur grundlegenden Ausstattung und zu notwendigen Upgrades bei den Transportmitteln.

Allgemeine Nutzerhinweise: Mit wertvollen Hinweisen zum Halten und Umgang sowie zum Reisen mit einem Kleinkind. Einschließlich vieler Informationen zu den Spielfähigkeiten Ihres Kindes.

Füttern: Energieversorgung: Bietet einen fundierten Leitfaden zum Verständnis der Energieversorgung des Kleinkindes. Es enthält Informationen zur Entwöhnung, Empfehlungen zu Ernährung und Trinken sowie zur Planung der Essenszeiten.

Programmierung des Schlafmodus: Beschreibt ausführlich die Planung der Schlafzeiten und die Schlafentwicklung eines Kleinkindes. Das Kapitel enthält Techniken zur Aktivierung und Neuprogrammierung des Schlafmodus und der Steuerung des Umzugs vom Gitterbett in ein Kinderbett. Inklusive Tipps zur Fehlerbehebung bei Schlafstörungen (wie Albträumen oder nächtlichem Spielen).

Instandhaltung und Training: Ein Leitfaden für Fortgeschrittene zur Wartung und Einübung grundlegender körperlicher Funktionen und Abläufe bei Kleinkindern. Dieses Kapitel enthält Anleitungen zum Sauberkeitstraining sowie zum selbstständigen Waschen und Anziehen Ihres Kindes.

Wachstum und Entwicklung: Beschreibt die generellen Merkmale und Entwicklungsstufen, mit denen Kleinkinder ihren Radius erweitern. Dazu zählen wertvolle Strategien und Informationen über die körperliche, verbale, emotionale und soziale Entwicklung.

Erziehung: Mit diesen Methoden setzen Sie die notwendigen Parameter, damit Ihr Kleinkind allein und in Gruppen reibungslos funktioniert. Dieses Kapitel enthält auch Beispiele für den Umgang mit gängigen Versionen unerwünschten Fehlverhaltens.

Sicherheitshinweise und Notfallversorgung: Gibt Ihnen die besten Tipps, um die Umgebung Ihres Kleinkindes möglichst sicher zu machen. Sie finden Hilfestellungen für medizinische Notfälle sowie ein alphabetisches Glossar mit häufig auftretenden Erkrankungen.

Wenn Ihr Kind den Übergang vom Säugling, der vollständig von anderen Menschen abhängig ist, zu einem Kleinkind, das nach Unabhängigkeit strebt, vollzieht, durchläuft es ein umfassendes Upgrade – sowohl der externen Hardware, als auch der vorinstallierten Software. Im Laufe dieser Prozesse können bei Eltern Gefühle von Frustration, Inkompetenz, Hoffnungslosigkeit sowie Wut und Verzweiflung auftreten. Das ist normal und wird mit der Dauer des Betriebs nachlassen. Mit einem ausgeprägten Sinn für Humor können Sie die Entwicklung Ihres Kleinkindes in ein stabiles, sich selbst steuerndes System anleiten.

Viel Glück – und viel Freude mit Ihrem Upgrade: Ihrem Kleinkind.

UPGRADE ZUBEHÖR (nicht im Lieferumfang enthalten)

Getränkeautomat

Unterhaltungsgeräte

Abfallbeseitigung

Gerätehülle

Orale Fixierung

Mobilitätserweiterung

Ladestation

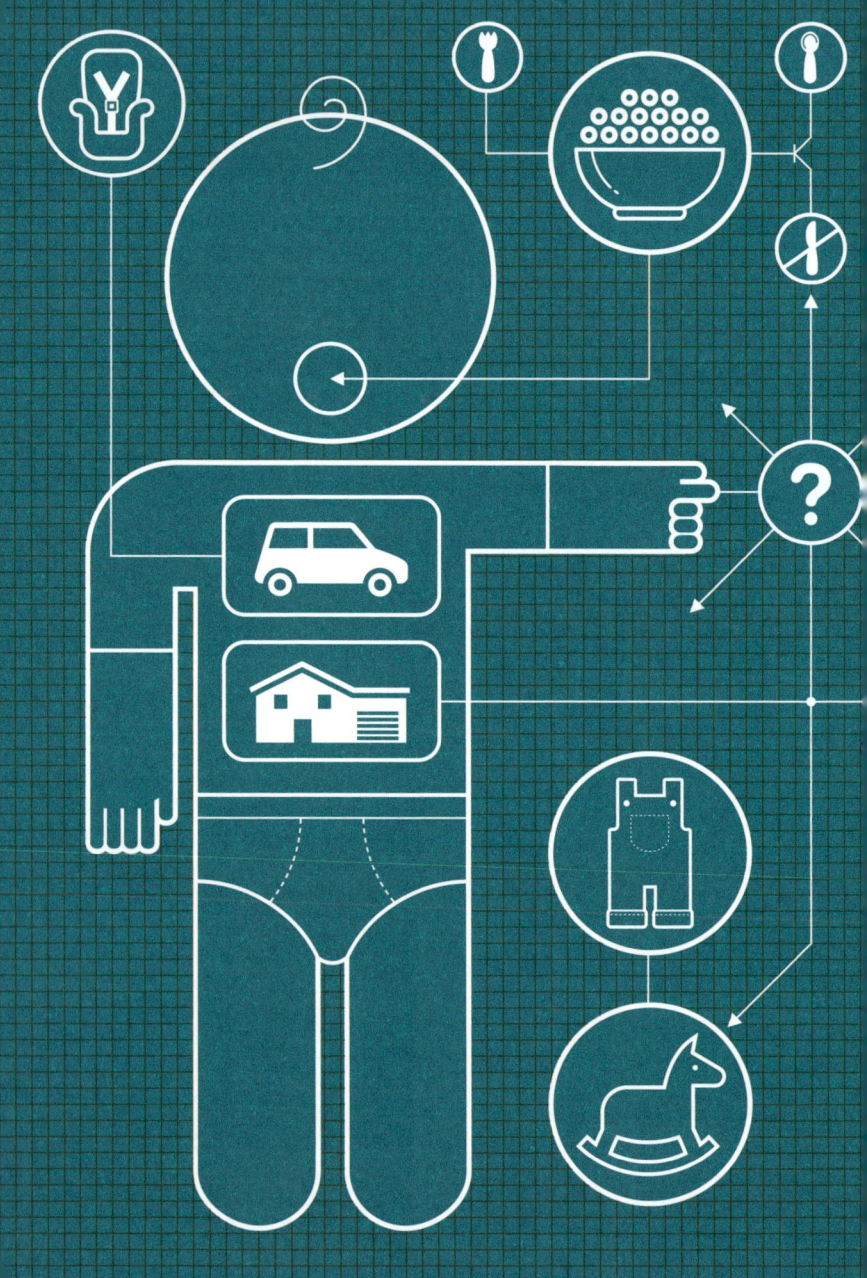

[Kapitel 1]

Updates für Transport und Zuhause

Updates für Zuhause

Mit zunehmender Mobilität des Kleinkindes werden entsprechende zusätzliche Sicherheitsmaßnahmen in allen Zimmern notwendig. Das sorgfältigste Update sollte in dem Raum vorgenommen werden, in dem das Kleinkind schläft.

Updates für das Kinderzimmer

Die meisten Besitzer halten einen separaten Schlafbereich für ihr Modell bereit. Dieses Kinderzimmer sollte einer Sicherheitskonfiguration unterzogen und mit den folgenden, für Kleinkinder geeigneten Gegenständen ausgestattet werden, um einen sicheren und freundlichen Bereich zu schaffen, wo sich Ihr Kleinkind selbst beschäftigen und/oder seinen Schlafmodus aktivieren kann.

Das Kinderbett: 18 bis 36 Monate nach Lieferung entwickelt Ihr Kleinkind die Fähigkeit, aus seinem Gitterbett zu steigen. Wenn Ihr Modell damit beginnt, ziehen Sie es in ein altersgerechtes Bett um. Kinderbetten sind typischerweise kürzer, schmäler und niedriger als normale Einzelbetten. Viele Kinderbetten sind beidseitig mit einem Geländer versehen, damit das Kleinkind nicht aus dem Bett fallen kann. Alternativ können Sie beim Fachhändler ein Bettgeländer kaufen und am Bett installieren. Für Informationen zur Platzierung des Bettes und zu einem möglichst sanften Umzug siehe »Umzug vom Gitter- ins Kinderbett«.

Schaukelstuhl oder Sessel: Verwenden Sie weiterhin einen Schaukelstuhl oder einen Sessel, wenn Ihr Kleinkind die Bewegung und die Geborgenheit genießt. Will es alleine sitzen oder fordert es mehr Unabhängigkeit, können Sie einen Kindersitz auf die normale Sitzfläche legen.

⚠️ **ACHTUNG:** Wegen der zunehmenden Mobilität des Kleinkindes kann die Benutzung einer Wickelkommode Gefahren in sich bergen. Entfernen Sie die Wickelstation oder bauen Sie sie zur Kleiderkommode um. Befestigen Sie diese sicher an der Wand.

Bücherregale/Bücher: Regale sollten fest an der Wand verankert sein (siehe S. 181), damit sie nicht umkippen, wenn sich Ihr Kind daran festhält oder daran zieht. Stellen Sie schwere Gegenstände auf die unteren und leichte Gegenstände auf die oberen Regalböden. Entfernen Sie zerbrechliche Gegenstände, weil Ihr Kind irgendwann am Regel hochklettern kann und diese erreichen könnte.

Tritthocker: Dieses Utensil kann zum Einsatz kommen, sobald Ihr Kind gelernt hat, selbstständig zwei kleine Stufen zu erklimmen (normalerweise im Alter zwischen zwei und drei Jahren). Stellen Sie den Hocker unter den Lichtschalter, damit Ihr Kind die Zimmerbeleuchtung selbst ein- und ausschalten kann.

Nachtlicht: Abhängig von den Fähigkeiten Ihres Kleinkindes, seinen Schlafmodus zu aktivieren, kann ein Nachtlicht weiterhin erforderlich sein.

Spielzeugkiste/Spielzeuge: Spielzeuge können in einem separaten Raum, in einer Kiste unter dem Bett oder in einer Zimmerecke verstaut werden. Schweres Spielzeug sollte am Boden aufbewahrt werden, damit es nicht auf Ihr Kind fallen kann.

1. Tritthocker zum Erreichen des Lichtschalters
2. Regal, sicher an der Wand befestigt
3. Schwere Gegenstände nach unten
4. Bett mit beidseitigem Geländer
5. Nachtlicht
6. Schaukelpferd
7. Spielzeugkiste
8. Kindermöbel
9. Lernspielzeug
10. Kreativität fördern

gemütliche Umgebung.

Updates des Zubehörs

Aufgrund des Updates vom Säugling zum Kleinkind benötigen Sie umfangreiches neues Zubehör zum Anziehen, Reinigen und Schlafen sowie zur Energieversorgung Ihres Modells. Einiges davon haben Sie eventuell bereits auf Lager. Die Größe und Konfiguration des Zubehörs muss infolge des Wachstums und der Weiterentwicklung Ihres Kleinkindes regelmäßig dem aktuellen Bedarf angepasst werden.

SCHLAFEN
- 3–4 Laken (Kinderbettgröße) mit 2 Bezügen
- Betteinlagen (wasserdicht)
- 2 Bettdecken
- 1 kleines, festes Kopfkissen

TOILETTENTRAINING
- 1 Kinder-WC-Sitz und/oder 1 Töpfchen
- 6–12 Trainerhosen und/oder 3–6 Unterhosen mit Einlagen

KLEIDUNG
- 2–3 Bodys
- 5–7 langärmelige Shirts
- 5–7 T-Shirts
- 5–7 Hosen
- 5–7 Shorts
- 2–3 Kleider (optional für weibliche Modelle)
- 5–7 Paar Socken
- 1–3 Pullover oder Sweatshirts
- 1 Regenjacke
- 1 Winteranorak
- 1–2 Paar Schuhe
- 1 Paar Fäustlinge
- 1 Mütze
- 1 Sonnenhut mit Krempe

ENERGIEVERSORGUNG

- 4–6 Trinklern-/Schnabeltassen und/oder Kindertassen (Kunststoff)
- 2–3 Sets Kunststoff-Kindergeschirr (Schale, Teller)
- 2 Sets Kinderbesteck (Plastik)
- 2 Tischsets (Kunststoff)
- 1 Hochstuhl und/oder Sitzerhöhung
- 1 Bodenschutzmatte

REINIGUNG

- 1 weiche Kleinkinderzahnbürste
- 1 Tube Kinderzahnpasta
- 1 Flasche Kinderwaschlotion
- 1 Flasche Kindershampoo
- 1 Haarbürste

1 Kinderzahnbürste 2 Kinderzahnpasta 3 Kinderwaschlotion 4 Kindershampoo 5 Haarbürste

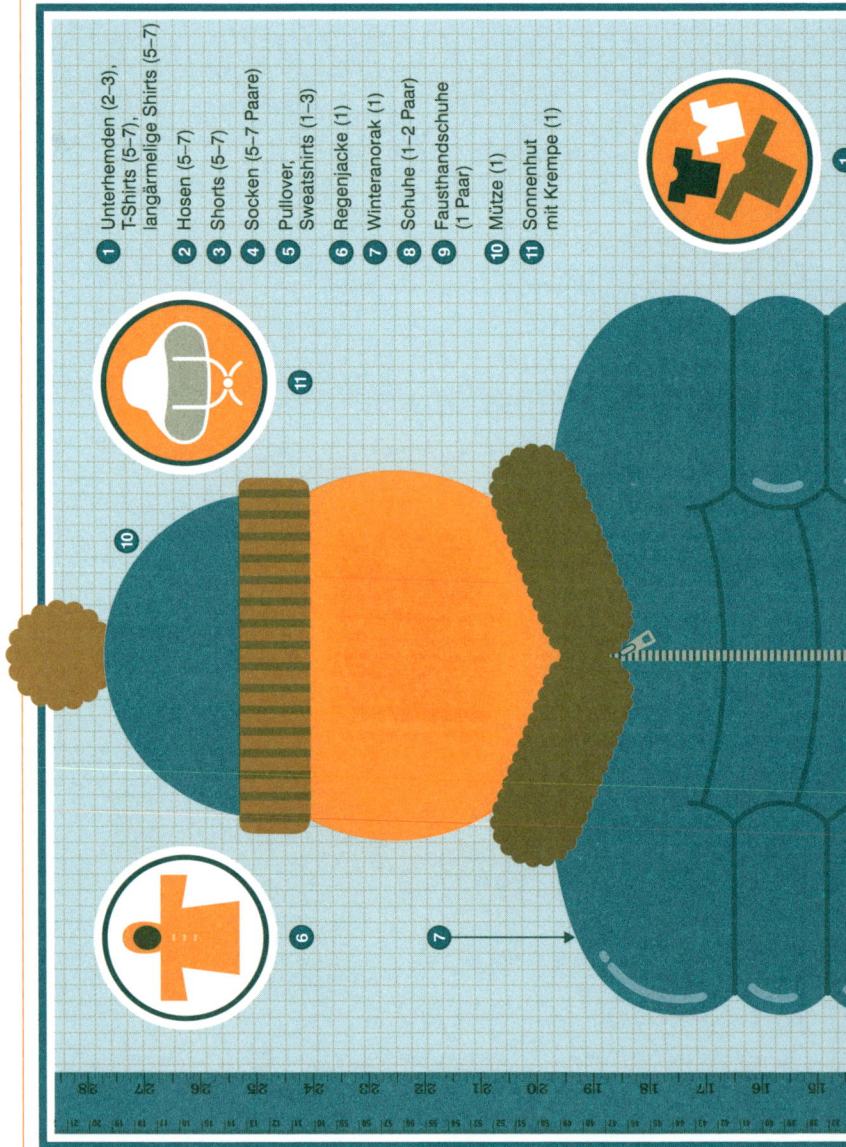

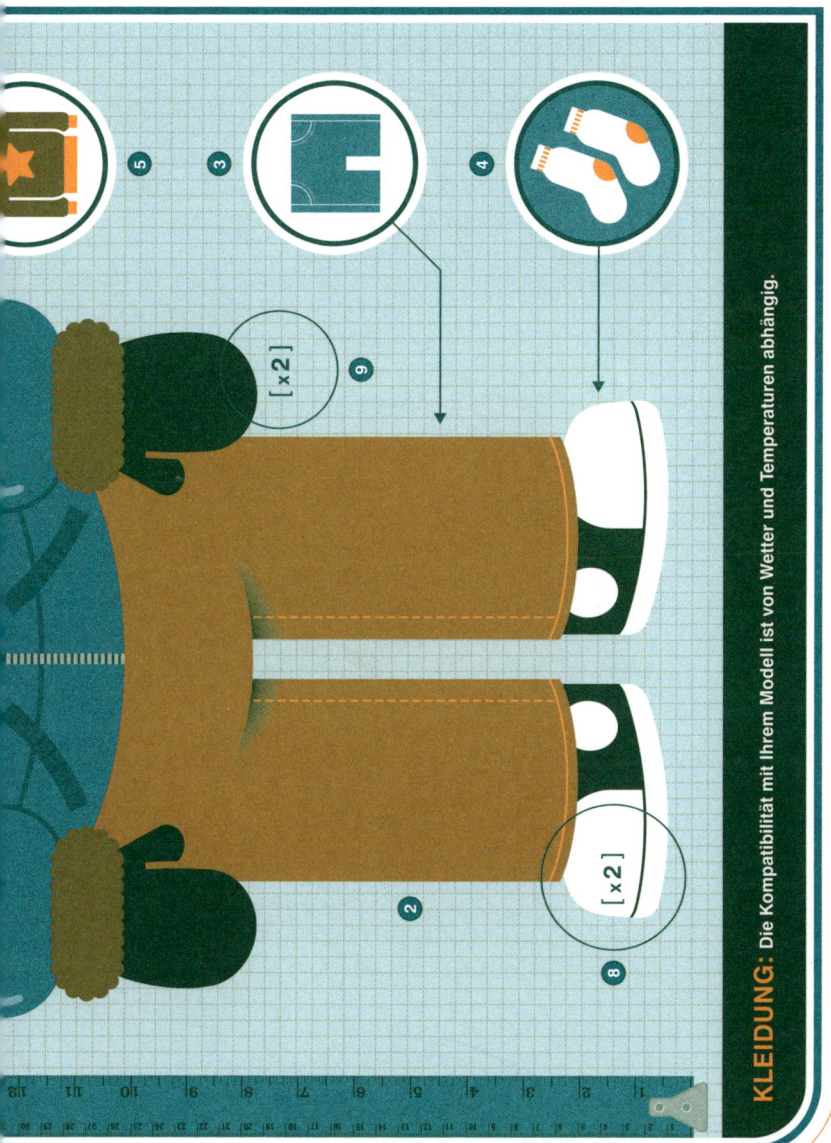

KLEIDUNG: Die Kompatibilität mit Ihrem Modell ist von Wetter und Temperaturen abhängig.

Updates der Transportmittel

Als früherer Baby-Modelleigner besitzen Sie bereits Hilfsmittel für den Transport Ihres Modells. Dennoch macht die körperliche Entwicklung Ihres Kleinkindes die Anpassung des Zubehörs notwendig..

⚠️ *ACHTUNG: Die Weiterbenutzung von Babyschalen und (insbesondere) Autositzen ist zulässig, solange Ihr Modell die empfohlenen Größen- und Gewichtsangaben des Herstellers nicht überschreitet. Sobald Ihr Kleinkind aus ihnen herausgewachsen ist, sind diese allerdings sofort außer Betrieb zu nehmen und durch geeignete Transportmittel zu ersetzen.*

Autositze

Kleinkinder sollten weiterhin auf dem Rücksitz des Autos (und dort bevorzugt in der Mitte) transportiert werden. Viele Autositze für Kleinkinder können sowohl in Fahrtrichtung als auch gegen die Fahrtrichtung befestigt werden. Dennoch sollten Sie Ihr Kind erst in Fahrtrichtung setzen, wenn es die entsprechenden Spezifikationen in Alter und Gewicht erreicht hat (normalerweise ein Jahr nach Lieferung und mit einem Gewicht ab neun Kilo).

Die Kinderautositze werden entweder mit dem Sicherheitsgurt des Autos oder mittels ISOFIX-System am Rücksitz befestigt.
Konvertible Langzeitsitze können in der Regel von null bis vier Jahren (Gewicht 0–18 kg) verwendet werden, Sitze für Kleinkinder zwischen neun beziehungsweise zwölf Monaten und vier Jahren (Gewicht 9–18 kg). Die Vorgaben können je nach Hersteller variieren. Richten Sie sich unbedingt nach dem vom Hersteller angegebenen Alter und Gewicht. Für Kinder ab einem Alter von dreieinhalb bis vier Jahren ist eine weitere Anpassung notwendig.

AUTOSITZE

(Abb. A)
ISOFIX-SYSTEM

1. Von 1 bis 4 Jahren oder langzeit-konvertibel
2. Fünf-Punkt-Gurtsystem
3. Fest mit dem Autositz verbunden
4. Verstellbare Gurte
5. Beachten Sie die Herstellerhinweise zu Größe und Gewicht

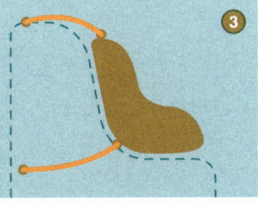

(Abb. B)
GURTSYSTEM

1. Von ein bis vier Jahren oder langzeit-konvertibel
2. Verwendet Sicherheitsgurt des Autos
3. Gurt läuft über Hüfte und Brust (nicht Bauch und Hals)
4. Beachten Sie die Herstellerhinweise zu Größe und Gewicht

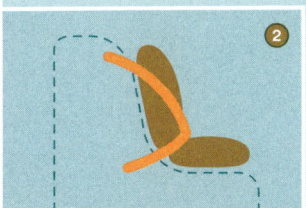

Autositze mit ISOFIX-System (Abb. A): ISOFIX-Sitze weisen zwei starre Rastarme auf, die fest in die Halteösen am Rücksitz des Autos eingehakt werden. Da der Fahrzeugsicherheitsgurt zur Sicherung nicht erforderlich ist, reduzieren ISOFIX-Systeme die Unfallgefahr, die durch falsche Gurtführung entsteht. Zusätzlich wird je nach Modell ein Stützbein oder ein weiter oben liegender Befestigungsgurt eingesetzt. ISOFIX-Autositze sind normalerweise mit 5-Punkt-Gurtsystem, verstellbaren Gurten und Gurtpolsterung ausgestattet.

Autositze, die mit dem Sicherheitsgurt befestigt werden (Abb. B.): Nicht in allen Autos sind ISOFIX-Verankerungen vorhanden. In diesem Fall werden die Autositze auf den Rücksitz gestellt. Der Sitz verfügt unter Umständen über eine Befestigungsplatte, die in den Spalt zwischen Rückenpolster und Sitzpolster geschoben wird. Das Kind wird mit dem Sicherheitsgurt des Autos festgeschnallt. Sie sollten ausschließlich Gurte verwenden, die über die Brust und die Hüfte (und nicht über Bauch und Hals) laufen. Gurtpolster können separat zugekauft werden.

Fahrzeuge

Außer dem Buggy gibt es verschiedene weitere Fahrzeuge, mit denen man Kleinkinder auf Spaziergängen, beim Einkaufen und wann immer das Kind nicht selbst laufen will oder soll, transportieren kann. Neben den auf S. 29 dargestellten Fahrzeugen sind auch Laufräder und sogenannte Kiddy-Boards erhältlich.

FAHRZEUGE

Modell: ZWILLINGSBUGGY

Räder: 4 bis 8

Steuerung: Modelleigner

Helm: Optional, nach Ermessen des Besitzers

Funktionsweise: Besitzer schiebt

Empfohlener Einsatz: Allround-Fahrzeug für Doppelmodelle (Geschwister, Freunde etc.)

Modell: DREIRAD

Räder: 3

Steuerung: Kleinkind oder Besitzer (viele Modelle haben eine Lenksperre und eine »Lenkstange« zum Steuern durch die Eltern)

Helm: Erforderlich

Funktionsweise: Antrieb durch Pedale oder Füße; alternativ: Besitzer schiebt

Empfohlener Einsatz: Auf Gehsteigen in Begleitung oder unter adäquater Beobachtung des Besitzers

---

Modell: BOLLERWAGEN

Steuerung: Modelleigner

Helm: Optional, nach Ermessen des Besitzers (empfohlen für Wagen mit niedrigen Seiten- oder offenen Rückenbrettern)

Funktionsweise: Besitzer schiebt oder zieht

Empfohlener Einsatz: In Einkaufscentern, im Zoo oder auf Gehsteigen. Ziehen Sie den Wagen hinter sich her. Kontrollieren Sie regelmäßig, dass Ihr Kind sicher im Wagen sitzt.

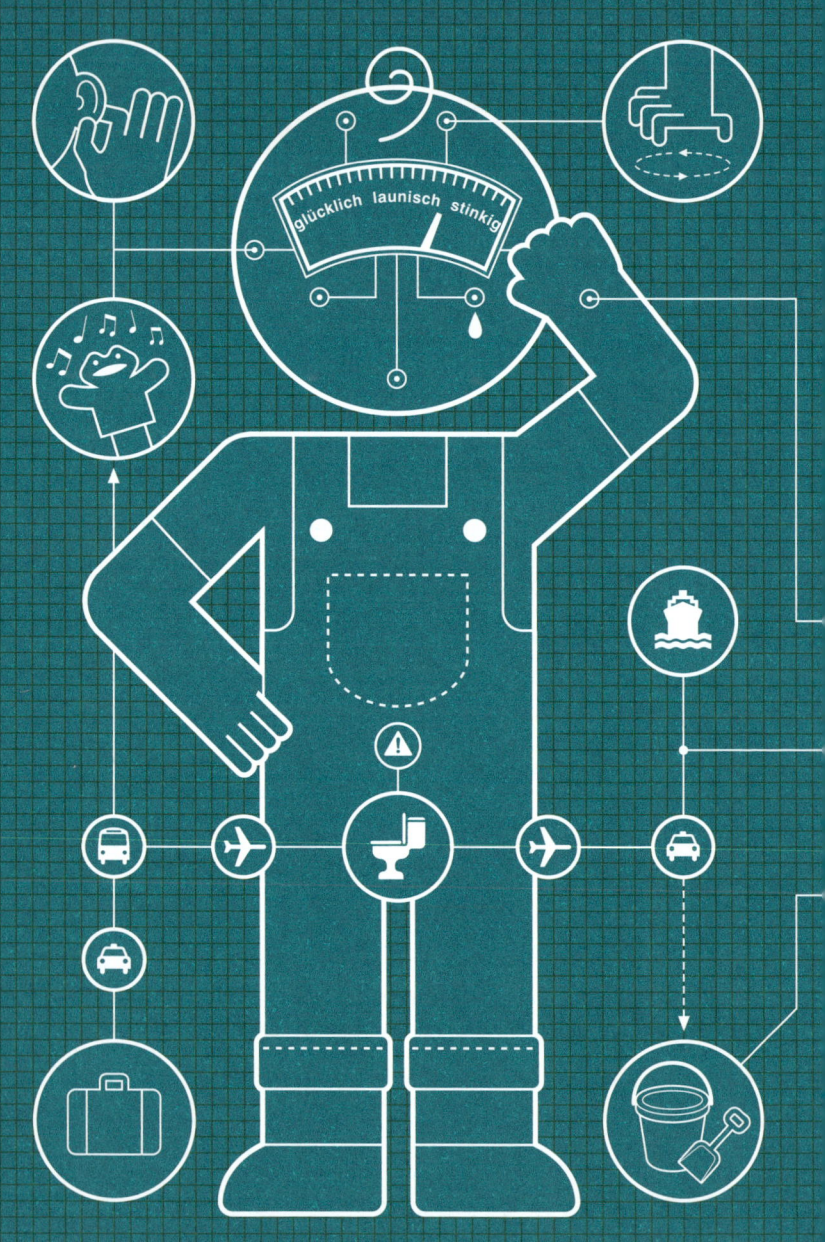

[Kapitel 2]

Allgemeine Nutzerhinweise

Tragen und Halten des Kleinkindes

Die körperliche Entwicklung des Kleinkindes erlaubt dem Nutzer, anders mit dem Modell umzugehen. Eine vorsichtige Handhabung ist dennoch noch immer erforderlich. Häufiges Händewaschen wird empfohlen, aber wenn das Modell das zweite Betriebsjahr erreicht und sich sein Immunsystem verbessert hat, wird das Händewaschen weniger relevant.

Aufnehmen des Kleinkindes

Beim Aufnehmen Ihres Kleinkindes ist dank seiner verbesserten Nacken- und Rückenmuskulatur nicht mehr so viel Vorsicht notwendig wie bei einem Säugling.

⚠ *ACHTUNG: Die Entwicklung der Knochen, Gelenke, Bänder und Gelenkpfannen ist noch nicht abgeschlossen. Greifen Sie das Kleinkind beim Aufnehmen daher immer unter den Achseln. Heben oder ziehen Sie Ihr Modell niemals an Armen oder Beinen. Dies kann zu temporären, aber wiederkehrenden Fehlfunktionen der Gliedmaßen führen.*

[1] Legen Sie beide Hände in die Achselhöhlen des Kleinkindes.

[2] Fassen Sie Ihr Kind behutsam und nehmen Sie es mit festem, aber moderatem Griff auf.

[3] Heben Sie es hoch und ziehen Sie es näher an sich heran, um seinen Halt mit Ihrem eigenen Körper zu unterstützen.

[4] Setzen Sie es sich auf eine Hüfte oder halten Sie es auf eine andere, unten beschriebene Weise.

⚠️ **Expertentipp:** *Hat Ihr Kind ein Gewicht von 11–14 kg erreicht, sollten Sie darauf achten, dass Sie es immer mit geradem Rücken hochheben. Beugen Sie nur die Hüft- und Kniegelenke, fassen Sie Ihr Kind wie oben beschrieben und richten Sie sich mit Hilfe Ihrer Beinmuskulatur auf.*

Der Schultersitz (Abb. A)

Dieser Sitz wird für schwere Kleinkinder und längere Entfernungen empfohlen. Viele Modelle müssen sich erst an diese Position gewöhnen, weil sie viel weiter vom Boden entfernt sind als gewohnt.

⚠️ **ACHTUNG:** *Denken Sie an das Kind auf Ihren Schultern, wenn Sie unter einer Tür, unter Ästen o. Ä. hindurchgehen. Bei niedrigeren Objekten müssen Sie sich unter Umständen ducken.*

[1] Drehen Sie Ihr Kind von sich weg und greifen Sie es unter den Achseln.

[2] Heben Sie es über Ihren Kopf.

[3] Setzen Sie Ihr Kind fest auf Ihre Schultern, so dass seine Beine gegrätscht aufliegen und sein Bauch gegen Ihren Hinterkopf drückt.

[4] Ihr Kind sollte sich so an Ihnen festhalten, dass seine beiden Hände um Ihren Kopf greifen und seine Finger auf Ihrer Stirn liegen oder, wenn seine Arme bereits lang genug sind, unter Ihrem Kinn verschränkt sind.

[5] Legen Sie beide Hände auf den Rücken Ihres Kindes, um es zu sichern, während Sie sich bewegen. Hat Ihr Kind schon gelernt, sich an Ihnen festzuhalten, können Sie es alternativ an seinen Füßen greifen.

Allgemeine Nutzerhinweise

(Abb. A)
SCHULTERSITZ

1. Hinter dem Kleinkind stehen
2. In die Knie gehen und das Kind unter den Armen fassen
3. Kleinkind über den Kopf heben, Kind sicher auf die Schulter setzen
4. Arme auf seinen Rücken legen
5. VORSICHT: Auf niedrige Objekte wie Türdurchgänge achten

(Abb. B)
RUCKSACKSITZ

1. Vor dem Kleinkind knien
2. Kind legt die Arme um Ihren Hals
3. Beide Arme um das Kind legen, 45 Grad vorbeugen
4. Beim Aufstehen weiter vorbeugen
5. VORSICHT: Auf niedrige Objekte wie Türdurchgänge achten

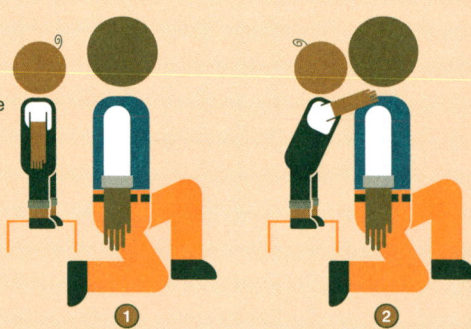

TRAGEN DES KLEINKINDS: Der Schultersitz eignet sich für län

Rucksacksitz für kürzere Entfernungen.

Der Rucksacksitz (Abb. B)

Wählen Sie den Rucksacksitz beim Spielen und für kürzere Entfernungen.

[1] Knien Sie vor Ihrem Kind, mit dem Rücken zu ihm gewandt.

[2] Bitten Sie das Kind, seine Arme um Ihren Hals zu legen. Verschränken Sie Ihre eigenen Arme hinter dem Po des Kindes.

[3] Beugen Sie sich nun im 45-Grad-Winkel nach vorne, Ihre Arme liegen unter und hinter dem Kind. Ziehen Sie Ihr Kind zu sich heran, so dass es rittlings auf Ihrem Rücken sitzt.

[4] Lehnen Sie sich im Stehen leicht nach vorne und halten Sie das Kind von hinten.

Trösten des Kleinkindes

Eines der Hauptmerkmale aller Kleinkindmodelle ist ihr gleichzeitiges Streben nach Unabhängigkeit und ihr Bedürfnis nach Sicherheit. Als Ergebnis dieser widersprüchlichen Programmierung will Ihr Modell, während es die Fähigkeit entwickelt, sich selbst zu beruhigen, möglicherweise häufig von Ihnen getröstet werden. Viele Kleinkinder liefern visuelle (Schmollen, Tränen) und auditive (Weinen, Quengeln) Hinweise für ihr Bedürfnis nach Trost. Folgende Techniken beruhigen Ihr Kind und sorgen für eine feste Bindung zwischen Kleinkind und Besitzer:

Kopf streicheln: Streichen Sie beim Vorlesen, Installieren des Pyjamas, Fernsehen oder wann immer Ihr Kind Trost braucht, mit Vorwärts-, Rückwärts- und kreisenden Handbewegungen über seinen Kopf. Streicheln können Sie auch als positives Feedback einsetzen, wenn Ihr Kind das adäquate Verhalten gezeigt hat.

Kuscheln: Viele Modelle genießen Kuscheln, In-den-Arm-Nehmen und Zuwendung, während andere das Gefühl von Einengung nicht mögen. Kuscheln kann im Allgemeinen zu einem Gefühl von Sicherheit und Geborgenheit bei Ihrem Kleinkind beitragen.

EXPERTENTIPP: Lassen Sie Ihrem Kind Bewegungsfreiheit und halten Sie es nicht gegen seinen Willen fest. Kuscheln Sie nicht nur zu bestimmten Zeiten. Diese Freiheit hilft Ihrem Kind, ein funktionsfähiges Programm zu installieren, mit dem es sich selbst zu beruhigen lernt.

Ohrläppchen reiben: Drücken Sie sanft die Läppchen der auditiven Sensoren Ihres Kleinkindes zwischen Daumen und Zeigefinger. Bewegen Sie die Finger kreisförmig. Das kann beim Aktivieren des Schlafmodus helfen oder das Betriebssystem zeitweise herunterfahren.

Singen: Schon im Babyalter kann Ihr Säugling Geräusche und Rhythmen musikalischer Programmierung aufnehmen. Zusammen mit dem Klang der Stimme des Modellinhabers kann ein Lied zur Beruhigung eines erregten Kleinkindes beitragen.

Loben

Allgemeines Lob (z.B. »prima!« oder »gut gemacht!«) ist eine unspezifische Bestätigung, nach der sich Ihr Kind gut fühlt. Ihr Kind freut sich zwar über die positive Aufmerksamkeit, aber ihm ist nicht klar, was der Anlass dafür war.

Loben Sie besser konkret: Formulieren Sie Ihr Lob und den Grund für Ihre Bestätigung, um das gewünschte Verhalten Ihres Kleinkindes zu verstärken. Mit konkretem positivem Feedback (z.B. »Danke, dass du nicht herumbrüllst«) kann Ihr Kind das Lob mit seinem Verhalten in Verbindung bringen.

Spielen mit dem Kleinkind

Das Spielen mit dem Kleinkind verstärkt die Zuneigung und Bindung zwischen Modell und Inhaber. Spielen unterstützt die Upgrades aller Programmfeatures, darunter die verbalen Fähigkeiten, die Motorik, die soziale Interaktion und die emotionale Gesundheit. Es sind nicht bestimmte Aktivitäten (wie ein Zoobesuch, im Sandkasten spielen o. Ä.), die Zuneigung und Bindung herstellen. Das Band wird durch die Art der Interaktion, die beim Spielen entsteht, zwischen Kleinkind und Eltern geknüpft.

Gemeinsames Spielen

Mit den folgenden Richtlinien unterstützen Sie die Unabhängigkeit Ihres Modells und stärken gleichzeitig Ihre Bindung während der Spielzeiten.

[1] Versetzen Sie sich beim Spielen in die Fantasiewelt Ihres Kindes. Überlassen Sie Ihrem Kind die Führung und lassen Sie sich darauf ein (solange es zu keiner Gefahrensituation kommt oder Ihr Kind sich unpassend verhält).

[2] Lassen Sie Ihr Kind entscheiden, wo es sitzen und was es spielen will. Halten Sie sich mit Anweisungen zurück, wie Ihr Kind spielen oder wie es etwas tun soll.

[3] Bei einem Gespräch überlassen Sie Ihrem Kind die Führung. Stellen Sie keine lenkenden Fragen wie »Was machst du als Nächstes?« oder »Soll das Bild bunt werden?«

[4] Korrigieren Sie seine Aktivitäten nicht (»So kommst du nicht weiter«). Ermutigen Sie es, durch Spielen, Versuch und Irrtum seine Umwelt zu entdecken und Probleme zu lösen.

[5] Zeigen Sie Ihren Spaß, Ihre Begeisterung und trauen Sie sich ruhig, albern zu sein. Haben Sie keine Angst, kindisch zu wirken.

[6] Loben Sie richtiges Verhalten. Wiederholte positive Verstärkung unterstützt das Kleinkind bei der Programmierung von gutem Benehmen. Seine internen Prozessoren erkennen Ursache (Spielzeug aufräumen) und Wirkung (Ihr Lob) des richtigen Verhaltens. Die meisten Kleinkinder streben diese Wirkung in der Zukunft an.

[7] Suchen Sie körperlichen Kontakt. Berühren Sie Ihr Kleinkind oft ein oder zwei Sekunden lang. Legen Sie Ihren Arm um seine Schultern, nehmen Sie es kurz in den Arm, geben Sie ihm einen Kuss oder streichen Sie sanft über seinen Kopf, sein Gesicht oder den Nacken und zeigen Sie so Ihre Liebe und Anerkennung.

[8] Sprechen Sie mit Ihrem Kleinkind über sein Verhalten, um seine Aufmerksamkeit und seine Gedanken darauf zu lenken. Diese Form des Interesses kann zudem eine beruhigende Wirkung haben.

[9] Imitieren Sie richtiges Verhalten, um Ihrem Modell zu zeigen, dass Sie seine Aktivitäten anerkennen. Nachahmung kann auch das Programmfeature »Teilen« unterstützen.

[10] Wiederholen oder umschreiben Sie, was Ihr Kind sagt. Dies unterstützt die Sprech- und Ausdrucksfähigkeit Ihres Kleinkindes.

⚠ *ACHTUNG: Die oben genannten Methoden sollen das richtige Verhalten Ihres Kleinkindes verstärken. Sie sollten Sie nicht als Feedback auf schlechtes Benehmen einsetzen. Bei Fehlverhalten siehe Kapitel 7: Erziehung.*

Musik und Tanz

Musik und Tanz eignen sich gut zum Spielen. Ganz abgesehen vom Spaß unterstützen sie Ihr Kleinkind auch bei der Programmierung von Rhythmus, Wiederholung, Sprache und Abläufen, dem Folgen von Anleitungen und der Entwicklung seines räumlichen Bewusstseins. Die folgenden Techniken helfen Ihnen beim Musikmachen, Singen und Tanzen mit Ihrem Kleinkind.

[1] Singen Sie einfache Lieder mit gleichmäßigem Rhythmus und Musik- und Textwiederholungen.

[2] Erklären Sie den Liedtext mit Handbewegungen. Viele Modelle ahmen diese Bewegungen nach, noch ehe sie singen können.

[3] Lassen Sie Ihr Kleinkind mit Musikinstrumenten experimentieren und die vielen Möglichkeiten entdecken, wie man Töne und Klänge erzeugen kann.

[4] Unterbrechen Sie Musik und Tanz plötzlich, mitten in der Bewegung oder beim Spielen von Instrumenten, dann setzen Sie das Spiel wieder fort. Ihr Kind wird sich in Erwartung der Aufgabe ganz auf Sie und die Musik konzentrieren. Dank dieser Übung lernt es auch, seinen Körper zu kontrollieren.

[5] Bringen Sie Ihrem Kind Tanzschritte bei, lassen Sie ihm aber auch die Freiheit, eigene zu erfinden. Manche Modelleigner zeigen zunächst Schrittfolgen und ahmen dann die Schritte des Kleinkindes nach. Dieses Spiel hilft Ihrem Kind bei der Entwicklung organisatorischer Fähigkeiten und der Kreativität.

Spielzeug

Altersgemäßes Spielzeug ist für die Entwicklung der körperlichen und kognitiven Fähigkeiten Ihres Kleinkindes wichtig. Beachten Sie die Spezifikationen und Altersempfehlungen des Herstellers, wenn Sie Spielzeug für Ihr Kind kaufen. Da Ihr Modell nur ein eingeschränktes Bewusstsein für Gefahren hat, ist es wichtig, dass es kein Spielzeug mit scharfen Kanten sowie kleinen und/oder losen Teilen in die Hände bekommt.

Expertentipp: Trotz der enormen Bandbreite an Spielzeugen, die für alle Altersstufen des Kleinkindes angeboten werden, sind einige der besten (und billigsten) ganz normale Haushaltsgegenstände. Eine Box voller Taschentücher, wiederum in einer Schachtel und mit einer Schleife verpackt, reicht schon aus. Auch Toilettenpapier- und Küchenpapierrollen, Holzlöffel, Pfannenwender, Metalltöpfe und -pfannen, Untersetzer und Plastikbehälter sind sichere und effektive Spielzeuge.

Spielzeuge für 12 bis 24 Monate

Spielzeuge zum Schieben und Ziehen: Hat Ihr Kind das Laufen gelernt, kann es diese Fähigkeit mit Spielzeugen zum Ziehen und Schieben üben.

Bälle: Jeder Ball, der größer ist als der Mund Ihres Kleinkindes, hilft ihm, viele Fähigkeiten zu entwickeln. Kleine, weiche Bälle sind gut zum Werfen und Fangen. Mittelgroße Bälle kann man greifen und treten, große Bälle anstoßen, auf den Boden werfen oder ihnen hinterherlaufen.

Bauklötze und Bausteine: Durch das Stapeln von Klötzen und Bausteinen trainiert Ihr Kleinkind seine Feinmotorik, durch das Sortieren seine kognitiven Fähigkeiten und beim Bauen seine Kreativität.

(Papp-)Bilderbücher: Ihr Kleinkind hat Spaß an Büchern, bei denen es der einfachen Geschichte folgen und Formen, Farben, Zahlen und Buchstaben erkennen kann. Die meisten Modelle lassen sich von Bilderbüchern anregen, die farbenfroh sind, taktile Fähigkeiten aktivieren und sich bewegen lassen(z.B. Pop-up-Bücher). Pappbilderbücher geben Ihrem Kind die Möglichkeit, »selbst« zu lesen. Kleinkinder lieben die Wiederholung – machen Sie sich also darauf gefasst, dass Sie immer und immer wieder dieselbe Geschichte vorlesen müssen. Kaufen Sie einige kleinformatige Bilderbücher, die Sie ins Gitter- oder Kinderbett legen können, damit Ihr Kind lernt, sich selbst zu beschäftigen.

Malutensilien: Stempel mit auswaschbarer Farbe, Kreide, ungiftige Knete oder auswaschbare Farben, Buntstifte und Filzstifte beflügeln die Fantasie Ihres Kleinkindes. Es lernt, mit ihnen auf Papier oder einer anderen geeigneten Fläche zu malen. Eine Staffelei oder ein Tisch geben Ihrem Kind die Möglichkeit, seine künstlerische Seite zu entwickeln und halten zugleich das künstlerische Chaos in Grenzen.

Autos, Lastwagen, Eisenbahnen: Diese Spielzeuge unterstützen die Feinmotorik. Sie sollten möglichst groß sein, keine Kleinteile aufweisen, die verschluckt werden könnten. Gesetzliche Vorgaben müssen erfüllt sein (GS-Zeichen). Eisenbahnen, Baustellen oder Parkhäuser mit Tankstelle motivieren Ihr Kleinkind, sich Geschichten auszudenken und diese nachzuspielen.

Puppen, Puppenhäuser: Puppen und Puppenhäuser – sicher hergestellt, mit unzerbrechlichen Teilen – regen die Vorstellungskraft Ihres Kindes an. Es wird viele vertraute Familiensituationen nachspielen. Das gibt Ihnen Einblicke in seine Gefühlswelt. Große Puppen sind einfacher in der Handhabung. Durch ihre beweglichen Glieder werden beim An- und Ausziehen die Feinmotorik und der Umgang mit Kleidung (z.B. Reißverschlüssen, Knöpfen, Schleifen u. Ä.) trainiert.

Instrumente: Jede Art von Musikinstrument entwickelt die Musikalität Ihres Kleinkindes und vermittelt ihm zudem den Zusammenhang von Ursache und Wirkung. Geben Sie ihm altersgerechte Instrumente aus Plastik mit einfach zu handhabenden Teilen, wie Rasseln, Kazoos oder Glocken. Holzblas-, Blechblas- oder Streichinstrumente sind für diese Altersgruppe nicht empfehlenswert.

Reitspielzeuge: Mit niedrigen, drei- oder vierrädrigen Reitspielzeugen kann Ihr Kind seine Koordination und Balance ausprobieren.

Sandspielzeuge: Mit Schaufeln, Eimern, Rechen und Sieben ausgerüstet, lernt Ihr Kleinkind die Materialien Sand und Erde kennen. Diese Utensilien helfen Ihrem Kind, sich selbst zu beschäftigen.

Spielzeuge von zwei bis drei Jahren

Nähert sich Ihr Modell dem dritten Betriebsjahr, ergänzen Sie die oben aufgeführten Spielsachen mit anspruchsvolleren Spielzeugen, wie diesen:

Bauen und Konstruieren: Bausätze fördern die Fähigkeiten Ihres Kleinkindes, zu sortieren, Anweisungen zu befolgen und Objekte zu bauen. Manche Sets enthalten Kleinteile, für die Ihr Kind älter als drei Jahre sein muss. Beachten Sie die Hinweise des Herstellers.

Puzzles: Modelle, die Puzzles zusammensetzen, sind später besser in Rechtschreibung, Mathematik und Naturwissenschaften. Geben Sie Ihrem Kind zunächst einfache Puzzles mit sechs bis zwölf Teilen und steigern Sie die Herausforderung allmählich auf bis zu 64 Teile und komplexere Motive.

(Brett-)Spiele: Viele Zwei- bis Dreijährige lieben Brettspiele. Für diese Altersgruppe werden Gedächtnis-/ Memospiele und Puzzles empfohlen.

Sportgeräte: Alle Sportutensilien gibt es auch in einer für Kleinkinder geeigneten Version. Plastikschläger und -bälle, Schaumstofffußbälle usw. trainieren die motorischen Fähigkeiten..

FÜR 12–24 MONATE

1. Fahrzeuge
2. Malutensilien
3. Autos, Lastwagen, Züge
4. Zum Schieben und Ziehen
5. Puppen
6. Sandspielzeug
7. (Papp-)Bilderbücher
8. Musikinstrumente

FÜR 2–3 JAHRE

9. Bausätze
10. Sportgeräte
11. Puzzles
12. Memospiele

SPIELZEUG: Der Einsatz altersgerechten Zubehörs (nicht im Lieferumfa

Reisen mit dem Kleinkind

Mit den folgenden Strategien unterhalten Sie Ihr Kind auf Reisen und kommen sicher an.

Autoreisen

Bei Autoreisen mit Ihrem Kleinkind hängt die Strategie von der Länge Ihrer Fahrt ab. Bei Fahrten von mehr als einer Stunde ist die größte Herausforderung, Langeweile zu vermeiden. Nehmen Sie Bücher, kleines Spielzeug, Musik, Essen und Trinken mit, damit die Zeit schneller vergeht. Machen Sie nach jeweils ein bis zwei Stunden eine Pause (je nachdem, wie es Ihrem Kind geht). Steigen Sie aus dem Auto, strecken Sie sich und spielen Sie eine Viertelstunde mit Ihrem Kind.

⚠️ *ACHTUNG: Holen Sie Ihr Kind niemals während des Fahrens aus dem Autositz. Öffnen Sie den Sicherheitsgurt erst, wenn das Auto steht.*

Flugreisen

Wenn Sie mit dem Flugzeug reisen, aktivieren Sie eventuell eine oder mehrere vorinstallierte Gefühlsprogramme, wie Aufregung, Langeweile oder Angst. Je länger die Reise dauert, desto mehr müssen Sie mit temporären Ausbrüchen rechnen. Passen Sie Ihre Strategien entsprechend der Flugdauer an.

Reisevorbereitung

[1] Buchen Sie den Flug mit Rücksicht auf den Schlafrhythmus Ihres Kindes. Wenn Sie nachts fliegen, schläft Ihr Kind möglicherweise die meiste Zeit. Aber wenn es nicht einschlafen kann, wird Ihr Kind noch müder und gereizter sein.

TRANSPORT BEIM FLIEGEN

TIPPS FÜR FLUGREISEN

1. Kind herausputzen für eine optimale Akzeptanz der Mitreisenden
2. Ruhigen Nachtflug buchen
3. Armband mit Daten des Modells anbringen
4. Mitnahme des eigenen Autositzes schafft zusätzlichen Schutz und Komfort
5. Plätze direkt hinter der Trennwand bieten maximalen Raum

ZUBEHÖR

6. Windeln (2-fache der üblichen Menge)
7. Wechselkleidung
8. Gesunde Snacks
9. Getränke (Sicherheitshinweise beachten)
10. Spielzeug (heißgeliebtes und neu)

[2] Fliegen Sie ohne Zwischenstopp, außerhalb von Spitzenzeiten. Auf einem Mittagsflug mitten in der Woche gibt es eher freie Sitzplätze, auf denen Sie sich ausbreiten können, damit Sie mehr Platz für Ihr Kind haben.

[3] Klären Sie mit dem Reisebüro oder der Fluglinie, ob Sie Plätze direkt hinter der Trennwand oder in der ersten Reihe buchen können. Diese Sitze bieten mehr Beinfreiheit – und damit mehr Platz für Ihr Kind.

EXPERTENTIPP: Bei Online-Buchungen können Sie Ihre Plätze selbst wählen und Sitze mit mehr Beinfreiheit (eventuell gegen Aufpreis) bereits vorab reservieren. Oder Sie fragen beim Einchecken nach entsprechenden Plätzen.

[4] Nehmen Sie den Autositz Ihres Kindes mit: Er kann bei Turbulenzen für zusätzliche Sicherheit sorgen. Zudem ist Ihr Kind gewohnt, längere Zeit darin zu verbringen, so dass es voraussichtlich entspannter ist und leichter einschläft.

[5] Planen Sie Verspätungen und Zwischenstopps ein. Packen Sie doppelt so viele Windeln und Feuchttücher wie normal und eine Extragarnitur Kleidung ein.

[6] Nehmen Sie eine kleine Box mit Müsli, Käsesticks, Kräckern, Keksen und Fruchtschnitzen mit. Wasser und Getränke erhalten Sie an Bord. Sie können sie auch nach der Sicherheitskontrolle kaufen.

[7] Packen Sie ausreichend geräuschloses Spielzeug ein, um Ihr Kind zu beschäftigen. Nehmen Sie Lieblingsteile und -bücher sowie ein paar neue Spielzeuge mit, die Ihr Kind noch nicht kennt.

Abreisetag

[1] Waschen und wickeln Sie Ihr Kind, ehe Sie aufbrechen. Mitreisende sind meist verständnisvoller und hilfsbereiter, wenn Ihr Kind sauber und adrett aussieht.

[2] Binden Sie Ihrem Kind ein Armband mit Ihren Kontaktdaten um: Name, Zielflughafen, Flugnummer, Heimatanschrift, Heimattelefonnummer, Handynummern.

[3] Geben Sie Ihrem Kind Gelegenheit, sich auszutoben, ehe Sie an Bord gehen. Laufen Sie vom Parkhaus zum Terminal und machen Sie einen Rundgang über den Flughafen.

[4] Erklären Sie Ihrem Kind die Regeln an Bord – zu Hause, auf dem Flughafen und kurz vor dem Einsteigen: Nicht gegen den Sitz kicken, mit leiser Stimme sprechen, nicht springen oder rennen, so lange angeschnallt sitzen bleiben, bis die Zeichen für den Sicherheitsgurt erloschen sind u.a.

[5] Falls beide Modellinhaber mitreisen, verteilen Sie die Aufgaben. Einer kann schon früh einsteigen, das Handgepäck verstauen und den Autositz befestigen. Der andere kann das Kind noch außerhalb des Flugzeugs beschäftigen. Gehen Sie erst beim letzten Aufruf mit dem Kind an Bord.

EXPERTENTIPP: Beim Starten und Landen führt der veränderte Kabinendruck zu ungewohntem Druck auf die Ohren Ihres Kindes. Geben Sie ihm einen Kaugummi, einen Schnuller oder eine Trinkflasche mit Saft – Kauen und Saugen hilft beim Druckausgleich.

[Kapitel 3]

Füttern: Energieversorgung

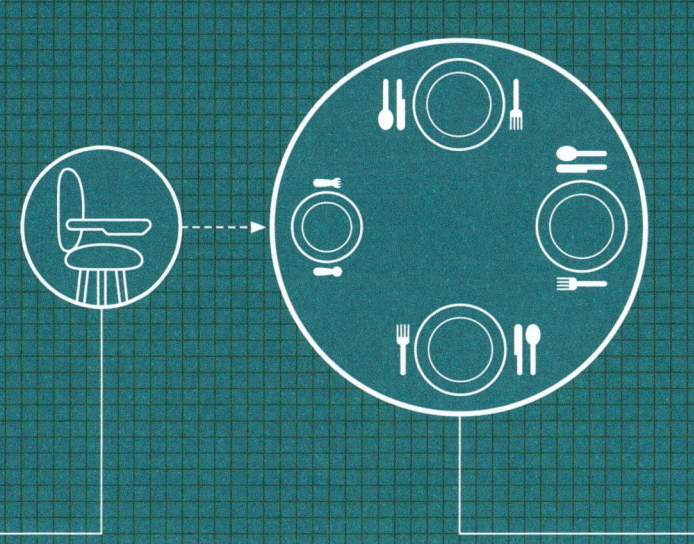

Entwöhnung vom Stillen oder Füttern mit der Flasche

Entwöhnung bezeichnet den Übergang vom Stillen oder Flaschenfüttern zum eigenständigen Trinken des Kleinkindes aus einer Tasse. Es gibt keinen »richtigen« Zeitpunkt für die Entwöhnung – Sie können den Prozess beginnen, sobald Mutter und Kind dazu bereit sind. Viele Kleinkinder sind so weit, wenn sie den Zangengriff mit Daumen und Zeigefinger beherrschen und ohne Hilfe Fingerfood essen können.

Selbstentwöhnung

Manche Modellinhaber wählen eine aktive Herangehensweise an die Entwöhnung, während andere warten, bis sich das Kleinkind selbst entwöhnt. Bieten Sie Ihrem Kind Brust oder Flasche nicht mehr aktiv an, wenn Sie möchten, dass sich Ihr Kind selbst entwöhnt, aber geben Sie sie ihm, wenn Ihr Kind sie fordert. Nach und nach wird es aufhören, danach zu fragen, aber die Dauer des Prozesses kann von Modell zu Modell stark variieren.

Aktive Entwöhnung

[1] Füllen Sie eine Schnabeltasse mit einer kleinen Menge der Flüssignahrung, die Ihr Kind bevorzugt (Muttermilch, Fertigmilch). Verwenden Sie anfangs einen Sauger mit offenen Löchern oder nehmen Sie den Auslaufschutz heraus, dann ist es für das Kleinkind leichter, saugen zu lernen.

⚠️ *ACHTUNG: Ändern Sie nicht zwei Dinge zur gleichen Zeit. Füllen Sie die neue Trinklerntasse mit einer vertrauten und gerne getrunkenen Nahrung (Fertigmilch, abgepumpte Muttermilch). Ändern Sie den Flüssigkeitstyp erst, wenn sich Ihr Modell an die neue Einfüllmethode gewöhnt hat.*

[2] Spritzen Sie ein wenig Flüssigkeit auf den Sauger und berühren Sie damit sanft die Lippen Ihres Kindes. So weiß es vor dem Trinken, was in der Tasse ist. Helfen Sie, falls nötig, indem Sie die Tasse stützen, aber drängen Sie Ihr Kind nicht zum Trinken. Es spielt vielleicht erst mit der Schnabeltasse, ehe es sie für den vorgesehenen Zweck benutzt.

EXPERTENTIPP: *Kaufen Sie unterschiedliche Trinklerntassen, dann kann Ihr Kind mit ihnen spielen und herausfinden, welche ihm am liebsten ist, ehe Sie mehrere Exemplare von einer Sorte anschaffen. Die meisten Schnabeltassen*

TIPPS ZUR ENTWÖHNUNG

1. Mit Lieblingsgetränk füllen
2. Ideal: Schnabeltasse mit zwei Griffen und einem runden, beschwerten Unterteil
3. Flüssigkeit zum Vorkosten des Inhalts auf den Sauger spritzen

haben einen auslaufsicheren Schnappverschluss oder einen Deckel zum Aufschrauben. Jüngere Kleinkinder bevorzugen Modelle mit beidseitigen Griffen und einem runden, beschwerten Unterteil, das die Tasse aufrecht hält.

[**3**] Sorgen Sie dafür, dass das Trinken aus der Tasse erstrebenswerter ist als das Trinken an der Brust oder aus dem Fläschchen, sobald Ihr Kind die neue Einfüllmethode sicher beherrscht. Geben Sie Ihrem Kind das Fläschchen nur bei den Mahlzeiten. Füllen Sie etwas mehr Flüssigkeit in die Tasse als in die Flasche. Verdünnen Sie die Fertigmilch nach und nach mit mehr Wasser. Geben Sie das Lieblingsgetränk Ihres Kindes (Muttermilch, Fertigmilch) in die Trinklerntasse und die weniger beliebten Getränke in die Flasche.

[**4**] Bieten Sie Ihrem Kind als Erstes am Morgen und kurz vor den üblichen Mahlzeiten die Schnabeltasse an. In diesen Momenten ist Ihr Modell besonders interessiert, weil es hungrig ist. Verschieben Sie das Stillen oder die Flaschennahrung auf kurz nach den Mahlzeiten oder Zwischenmahlzeiten, wenn Ihr Kind bereits vom Fingerfood satt ist.

[**5**] Reduzieren Sie das Stillen oder die Flaschenmahlzeit schrittweise, indem Sie alle zwei Wochen ein Füttern vollständig durch eine andere Nahrung ersetzen. Beginnen Sie mittags, später folgen die Nachmittags-, Morgen- und zuletzt die Gute-Nacht-Mahlzeit.

[**6**] Verkürzen Sie die Fütterzeiten, bevor Sie diese komplett durch Mahlzeiten ersetzen. Stellen Sie sicher, dass Ihr Kind am Ende des Fütterns noch wach ist.

EXPERTENTIPP: *Falls Ihr Kind aktiven Widerstand gegen das Entwöhnen leistet, geht es ihm vermutlich mehr um Geborgenheit als um die Energieversorgung. Suchen Sie nach alternativen Möglichkeiten, dieses Bedürfnis zu befriedigen. Halten Sie Ihr Kind im Arm, wiegen Sie es und singen Sie ihm vor, ohne es zu füttern.*

Kraftstoffrichtlinien

Die Energieversorgung des Kleinkindes wird durch die Nahrung, die es isst, und die Getränke, die es trinkt, sichergestellt. Die folgenden Richtlinien beschreiben allgemeine Rahmenbedingungen für Ihr Modell.

Allgemeine Ernährungsrichtlinien

Viele Besitzer überschätzen den Ernährungsbedarf ihres Kindes. Da sich ihr körperliches Wachstum verlangsamt, essen zweijährige Kleinkinder unter Umständen sogar weniger als ein neun Monate altes Baby. Die meisten Modelle im Kleinkindalter scheinen praktisch ohne Nahrung zu überleben und zu gedeihen. Tatsächlich benötigt ein zweijähriges Modell lediglich acht bis neun Bissen pro Mahlzeit.

Als allgemeine Richtlinie braucht ein Kleinkind lediglich 900 bis 1200 Kalorien pro Tag (circa 100 Kalorien pro Kilogramm Körpergewicht). Das ist eine erstaunlich kleine Nahrungsmenge. Bei jeder Mahlzeit sollte ein Kleinkind einen Teelöffel Nahrung pro Lebensalter aus verschiedenen Nahrungsmittelgruppen zu sich nehmen. Ein Dreijähriger sollte beispielsweise drei Teelöffel aus zwei bis drei verschiedenen Gruppen pro Mahlzeit essen. Viele Kleinkinder dehnen das über mehrere Mahlzeiten hinweg aus, indem sie bei einer Mahlzeit nur ein paar Bissen essen und die Zufuhr bei der nächsten ausgleichen. Das kann sich über mehrere Stunden oder sogar Tage hinziehen.

Schreiben Sie dem Essverhalten Ihres Modells nicht viel Bedeutung zu. Der Inhaber hat die Verantwortung, für gesunde Mahlzeiten zu sorgen, und das Kleinkind hat die Verantwortung zu entscheiden, wie viel es bei jeder Mahlzeit essen will.

⚠ *ACHTUNG: Fangen Sie nicht an, die Kalorien Ihres Kindes zu zählen. Die Nahrung, die Ihr Modell über mehrere Wochen oder Monate hinweg zu sich nimmt, ist wichtiger als die Energiezufuhr einer einzigen Mahlzeit oder eines Tages. In Studien wurde nachgewiesen, dass Kleinkinder die angeborene Fähigkeit besitzen, sich die richtige Kalorienmenge und die richtigen*

Nährstoffe zu holen, die sie zum Überleben benötigen, wenn ihnen die entsprechende Bandbreite gesunder Nahrungsmittel angeboten wird. Kontaktieren Sie Ihren Service-Provider, wenn Sie fürchten, dass Ihr Kind nicht genügend Vitamine und Mineralstoffe bekommt.

Die Ernährungspyramide

Es wurde viel geforscht, um herauszufinden, wie viel Nahrung aus den verschiedenen Ernährungsgruppen Kleinkinder zum Wachsen und Gedeihen zu sich nehmen sollten. Anhand der folgenden Übersicht können Sie die täglichen Standards für gesunde Ernährung selbst festlegen:

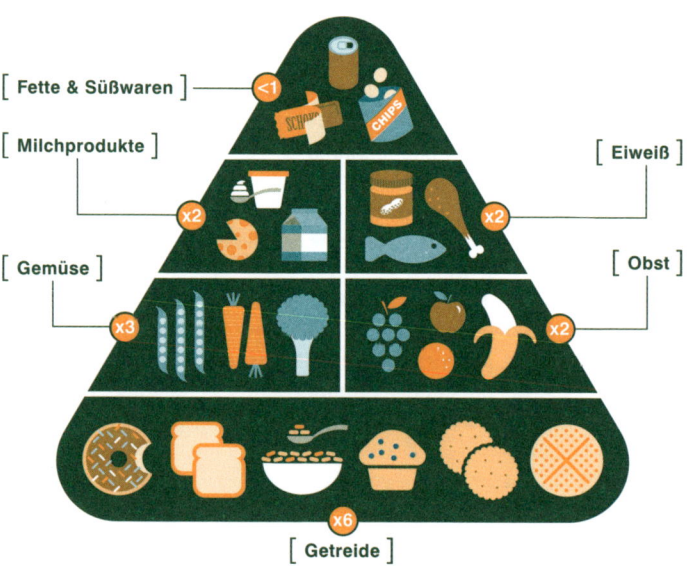

Getreide

Kleinkinder benötigen fünf- bis sechsmal täglich Getreide. Vollkornbrot ist besser als Weißbrot, Kräcker ohne gehärtetes Fett sind gesünder als Kräcker mit gehärtetem Fett. Zur Gruppe der Getreide zählen Brot, Nudeln, Kräcker, Cerealien, Haferflocken und Reis.

Obst und Gemüse

Bringen Sie zwei- bis dreimal täglich Obst und zwei- bis dreimal täglich Gemüse auf den Tisch. Manche Kinder bevorzugen bestimmte Sorten. Offerieren Sie aber immer wieder neue Arten aus dieser Nahrungsmittelgruppe, um das Interesse Ihres Kindes hoch zu halten und die Zufuhr zu variieren. Manche Kinder mögen keine Schale, zum Beispiel bei Äpfeln oder Pfirsichen. Die Ballaststoffe in ganzen Früchten sind es wert, dass Sie diese so oft wie möglich anbieten.

Milchprodukte

Beschränken Sie Milchprodukte auf eine Gesamtmenge, die etwa 250 bis 350 Milliliter Milch entspricht. Mit etwa zwölf Monaten wird in der Regel Fertig- oder Muttermilch vollständig durch Vollmilch ersetzt. Manche Kinder akzeptieren Kuhmilch schnell, andere nur nach Weiterverarbeitung zu warmer Milch oder Kakao. Insbesondere Kakao sollten Sie nur selten anbieten. Joghurt, Eiscreme und Käse sind weitere Nahrungsmittel, die ein Kleinkind mit täglichen Nährstoffen versorgen.

⚠ *ACHTUNG: Sprechen Sie mit Ihrem Service-Provider, falls Ihr Kind mehr oder weniger als die empfohlene tägliche Menge an Milchprodukten zu sich nimmt. Der Service-Provider rät Ihnen gegebenenfalls auf fettarme oder entrahmte Milch umzustellen, um eine überhöhte Aufnahme zu verhindern, oder zu einem Kalzium-Zusatz, um die notwendige Menge sicherzustellen.*

Eiweiß

Kleinkinder benötigen zwei bis vier Einheiten an Proteinen pro Tag. Jede sollte nicht mehr als ungefähr 30–60 Gramm betragen. Servieren Sie leichtes, fettarmes Fleisch. Eiweiß ist auch in Eiern, Fisch, Sojaprodukten (Tofu), Erdnussbutter und Bohnen enthalten.

Ungeeignete Nahrung

Nahrungsmittel wie Popcorn, Hotdogs, Erdnüsse sind wegen der möglichen Erstickungsgefahr ungeeignet und sollten bis mindestens zum vierten Lebensjahr nicht angeboten werden. Andere Nahrungsmittel wie Honig oder Erdnussbutter können bei einigen Modellen allergische Reaktionen hervorrufen. Schränken Sie den Verzehr folgendermaßen ein:

- ***Fast Food:*** Höchstens einmal pro Woche. Ihr Kind gewöhnt sich sonst an Speisen mit hohem Kalorien- und niedrigem Nährstoffgehalt.
- ***Süßigkeiten / Bonbons:*** Behalten Sie diese, ein- bis zweimal die Woche im Rahmen einer Mahlzeit, besonderen Gelegenheiten vor. Geben Sie Ihrem Kleinkind keine runden, harten Bonbons, die in seinem Hals stecken bleiben können.
- ***Nachtisch:*** Bieten Sie mehrmals wöchentlich nährstoffreiche Desserts wie Joghurt oder Obst an.

ERSTICKUNGSGEFAHR: Keine dicke und zähflüssige, klebrige, runde oder harte Nahrung geben. Folgende Nahrungsmittel entsprechend vorbereiten oder ganz weglassen, bis Ihr Kind mindestens vier Jahre alt ist:

- Karamellbonbons
- Kaugummi
- Hotdogs (ggf. in schmale Längsstreifen schneiden)
- Eiswürfel (ggf. zerkleinern)
- Große, fette Fleischstücke
- Nüsse oder Kerne
- Popcorn
- Rohe Karotten
- Roher Sellerie
- Rohe Erbsen
- Ganze Trauben

Flüssigkeitszufuhr

Für das richtige Wachstum von Kleinkindern ist die Zufuhr von Getränken notwendig. Zusätzliche Flüssigkeitsgaben bei den Mahlzeiten helfen vielen Modellen dabei, das Essen hinunterzuspülen.

Eine der effektivsten Techniken, um einem Kleinkind ein gesundes Trinkverhalten beizubringen, ist die Vorbildfunktion. Je häufiger der Modellbesitzer selbst tagsüber und bei den Mahlzeiten gesunde Getränke wie Milch oder Wasser zu sich nimmt, desto wahrscheinlicher ist es, dass sein Kind es ebenfalls tut. Versorgen Sie Ihr Kind mit folgenden Getränken:

Vollmilch

1,5 %

Milch

Bieten Sie Ihrem Kind, wenn es älter als ein Jahr ist, Kuhmilch an. Bis zum zweiten Lebensjahr sollte es sich dabei um Vollmilch handeln. Danach können Sie – je nach Präferenz – zu fettarmer oder entrahmter Milch wechseln. Nach den allgemeinen Richtlinien sollen Kleinkinder pro Tag mindestens 500 Milliliter Milch oder entsprechende Milchprodukte verzehren.

Soja, Reis oder andere Milchsorten können Sie Ihrem Kind ab einem Alter von zwei Jahren geben. Kuhmilch hat mehr Nährstoffe als andere Milchsorten und wird daher meist empfohlen, sofern Ihr Kind nicht allergisch ist.

Wasser

Um ausreichend mit Wasser versorgt zu sein, sollte Ihr Kleinkind eine bis zwei Tassen (100 Milliliter pro Kilogramm Körpergewicht) täglich trinken. Hat Ihr Kind Probleme mit der Gewichtszunahme, sollten Sie ihm tagsüber Vollmilch statt Wasser geben.

Säfte

Säfte werden unter Ernährungsexperten heftig diskutiert. Zu häufige Gaben können zu Durchfall und Gewichtsproblemen führen. Saft enthält nur wenig Nährstoffe und wird oft zusätzlich mit Zucker gesüßt: Er trägt damit zur Gewöhnung des Kleinkindes an Süßes sowie einem vorzeitigen Völlegefühl bei.

Ihr Kleinkind sollte nicht mehr als etwa 60 bis 120 Milliliter Saft am Tag trinken. Sie können ihn morgens anbieten und dann während der Mahlzeiten zu Milch und Wasser übergehen.

Saftentwöhnung

Wenn Ihr Kleinkind mehr als die empfohlene Menge Saft zu sich nimmt und andere Getränke verweigert, hilft Ihnen der folgende Prozess bei der Umgewöhnung:

[1] Geben Sie Ihrem Kind morgens eine kleine Menge Saft.

[2] Füllen Sie die Tasse Ihres Kindes während des Tages halb mit Saft, halb mit Wasser.

[3] Füllen Sie die Tasse am Abend mit einem Viertel Saft und drei Viertel Wasser.

[4] Erlauben Sie Ihrem Kind nicht, mit der Tasse den Tisch zu verlassen. Sagen Sie ihm, dass es die Tasse am Tisch austrinken muss.

Ungeeignete Getränke

Beschränken Sie die Gabe von Limonaden, Fruchtsäften, Fruchtschorlen und aromatisierter Milch auf spezielle Gelegenheiten. Koffeinhaltige Getränke sollten Sie Ihrem Kind bis zum zweiten Lebensjahr nicht anbieten.

Programmierung der Esszeiten

Die meisten Kleinkinder nehmen drei Mahlzeiten und zwei Zwischenmahlzeiten am Tag zu sich. Zu den Mahlzeiten zählen Frühstück, Mittagessen und Abendessen. Zwischenmahlzeiten sind Snacks in der Zwischenzeit oder kurz vor dem Zu-Bett-Gehen, falls Ihr Kind besonders hungrig ist. Wenden Sie bei der Programmierung der Esszeiten Ihres Kindes folgende Strategie an:

EXPERTENTIPP: Ausschlaggebend dafür, dass Ihr Kind gut isst, ist, dass Sie das Essen altersgerecht vorbereiten – in kleinen, circa 0,5 Zentimeter großen Stücken, die nicht im Hals stecken bleiben können. Bieten Sie Ihrem Kind gekochte (oder sogar leicht verkochte) Speisen an, da weiche Nahrung vielen Modellen das Kauen erleichtert. Manche Modelle bevorzugen ihr Essen nach Nahrungsmitteln getrennt, andere mögen es nicht, ihr Essen zu vermischen oder mit den Fingern zu berühren.

[1] Essen Sie gemeinsam mit Ihrem Kind. Dabei können Sie Ihrem Nachwuchs Tischregeln und gesundes Essverhalten vermitteln.

[2] Bringen Sie gesundes und abwechslungsreiches Essen auf den Tisch. Bieten Sie mindestens drei unterschiedliche Speisen an (z.B. eine Portion Pute, eine Portion Gemüse und eine Portion Kartoffeln).

[3] Setzen Sie sich beim Füttern Ihres Kindes zum Ziel, ihm von Anfang an die richtigen Essmuster zu vermitteln. Das ist die beste Vorsorge gegen spätere Essstörungen.

[4] Setzen Sie realistische Vorgaben. Der Appetit Ihres Kindes ist nicht jeden Tag gleich groß. Eine heitere und konfliktfreie Mahlzeit ist ein vernünftiges kurzfristiges Ziel. Ein langfristiges Ziel dagegen ist es, Ihr Kind mit

einer Vielzahl unterschiedlicher Nahrungsmittel vertraut zu machen und ihm beizubringen, in Gesellschaft zu essen.

[5] Erlauben Sie Ihrem Kind nicht, den ganzen Tag über zu naschen. Setzen Sie Lebensmittel nicht als Trostwerkzeuge ein. Geben Sie Ihrem Kind keinen Snack, wenn es trotzig ist oder weint. Regelmäßige Zwischenmahlzeiten beeinflussen die Essgewohnheiten und das richtige Essen zu den Mahlzeiten. Kleinkinder, die permanent »vor sich hin« essen, konsumieren meist mehr ungesunde Nahrungsmittel und nehmen weniger Kalorien zu sich als jene Kinder, die regelmäßig essen.

[6] Essen Sie am Ess- oder Küchentisch. Dieser Ort ist ein Signal für Ihr Kleinkind, dass jetzt Essenszeit ist. Fehlt diese Regelmäßigkeit, kann Ihr Kind die Zeit für Essen und Spielen miteinander verwechseln.

[7] Fragen Sie Ihr älteres Kleinkind, wenn Sie einkaufen oder kochen, was es sich zum Essen wünscht. Damit geben Sie ihm Mitsprache über seine Mahlzeiten.

[8] Führen Sie weiterhin neue Nahrungsmittel ein, auch wenn das Audiosystem Ihres Modells lautstark sein Missfallen bekundet. Kleinkinder benötigen 10 bis 20 Anläufe, bevor sie sich an Farbe, Form, Geruch und Konsistenz einer neuen Speise gewöhnen. Bleiben Sie geduldig und loben Sie Ihr Kind, selbst wenn es den Bissen wieder ausspuckt.

Training zum selbstständigen Essen

Die meisten Besitzer sind froh über die Freiheit, die ein autonom mit Gabel oder Löffel essendes Modell mit sich bringt. Im Alter von etwa zwei Jahren können die meisten Kleinkinder mit einer Effizienz von 75 bis 80 Prozent mit einem Löffel umgehen. Völlige Sicherheit erlangen sie aber erst mit etwa drei bis vier Jahren. Beginnnen Sie das Training mit dem Löffel, anschließend führen Sie denselben Prozess mit der Gabel durch. Wenden Sie bei der Einführung von Esswerkzeugen folgende Strategie an:

⚠ *ACHTUNG: Kleinkinder benötigen kein Messer. Es ist die Aufgabe des Besitzers, ihr Essen in geeignete Größe zu schneiden.*

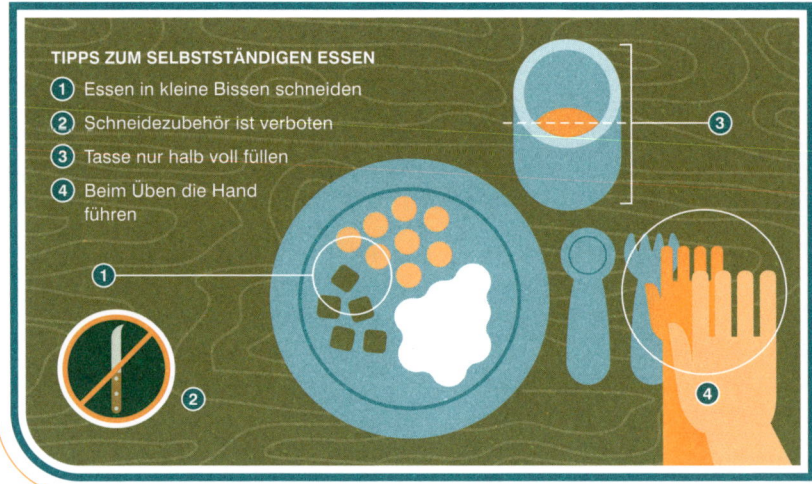

TIPPS ZUM SELBSTSTÄNDIGEN ESSEN
1. Essen in kleine Bissen schneiden
2. Schneidezubehör ist verboten
3. Tasse nur halb voll füllen
4. Beim Üben die Hand führen

[1] Kaufen Sie verschiedene Löffel, wenn Ihr Modell zwölf Monate alt ist. Lassen Sie Ihr Kind seinen Lieblingslöffel aussuchen und verwenden.

[2] Führen Sie die Hand Ihres Kindes, um ihm die korrekte Verwendung des Zubehörs und die richtigen Tischmanieren zu zeigen.

[3] Arbeiten Sie mit positiver Verstärkung, wenn Ihr Kind sich den Löffel korrekt in den Mund steckt.

EXPERTENTIPP: Bis sie das Zubehör sicher meistern, essen viele Kleinkinder abwechselnd mit Löffel und Fingern. Lassen Sie Ihrem Kind die Freiheit, seine Fähigkeiten zu entdecken – und eine Riesensauerei zu veranstalten. Vermeiden Sie beim Training negatives Feedback.

Umstellung von Trinklerntasse auf normale Tasse

Mit drei bis vier Jahren wollen die meisten Modelle aus einer normalen Tasse trinken.

[1] Nehmen Sie den Deckel von der gewohnten Schnabeltasse ab.

[2] Gießen Sie nur wenig Saft oder Milch in die Tasse. Füllen Sie die Tasse höchstens halb voll, bis Ihr Kind sicher aus einem normalen Glas trinken kann.

[3] Führen Sie die Hand Ihres Kindes, wenn es nach der Tasse greift, und zeigen Sie ihm, wie es die Tasse langsam an seine Lippen führen und wieder absetzen kann.

ACHTUNG: Verwenden Sie zum Üben keine zerbrechlichen Tassen oder Gläser.

Programmierung der Tischregeln

Mahlzeiten können eine echte Herausforderung für die Besitzer von Kleinkindern sein. Einem jüngeren Modell beizubringen, wie man mit dem Essbesteck umgeht, kann sich als genauso nervenaufreibend erweisen, wie ein älteres Kleinkind dazu zu bewegen, am Tisch sitzen zu bleiben. Wenn Sie Tischregeln einführen, ist es wichtig, dass Sie erreichbare Vorgaben setzen und im Hinblick auf Regeln und Verbote konsequent bleiben.

[1] Verteilen Sie die Zuständigkeiten. Zur Verantwortung der Eltern gehören das Planen, Einkaufen und Zubereiten der Mahlzeiten, das Einhalten der Tischzeiten und Zwischenmahlzeiten, die Einschränkung von Essen (falls notwendig), das Sorgen für angemessenes Tischverhalten und das Ziehen von Konsequenzen bei unangemessenem Verhalten. In der Verantwortung des Kleinkindes liegt es, ob und wie viel es essen will.

[2] Gehen Sie in Sachen gesundes Essen und Tischmanieren mit gutem Vorbild voran. Ermuntern Sie Ihr Kind und üben Sie, »bitte« und »Entschuldigung« zu sagen. Die Vermittlung richtiger Tischmanieren ist ein langfristiger Prozess – das korrekte Verhalten muss wieder und wieder eingeübt werden, ehe Ihr Kind es von selbst zeigt.

[3] Loben Sie Ihr Kind regelmäßig (»Du warst heute brav beim Essen«) und geben Sie durch Umarmungen, Küsse oder liebevolles Schulterklopfen körperliche Bestätigung für gutes Tischbenehmen. Setzen Sie Essen, insbesondere Süßigkeiten oder Desserts, nicht als Belohnung ein. Ihr Kind könnte Süßes sonst mit Freude und Liebe gleichsetzen – dann erscheint es ihm noch erstrebenswerter, als es ohnehin schon ist.

[4] Reagieren Sie auf belanglosere Vorfälle von schlechtem Benehmen bei Tisch (z.B. Weinen, Verweigerung von Nahrungsmitteln, kleinere Wut-

anfälle) mit Ignorieren. Wenden Sie sich für fünf Sekunden von Ihrem Kind ab, ohne zu sprechen. Drehen Sie sich sofort wieder zu ihm um, wenn Ihr Kind sich wieder beruhigt hat.

[5] Verhängen Sie für ausnehmend schlechtes Betragen und Brechen der Regeln (z.B. mit Zubehör auf den Tisch schlagen, mit Essen werfen oder einen Teller absichtlich zu Boden werfen) eine kurze Auszeit. Bei Tisch kann so eine Auszeit wie folgt aussehen: Alle Erwachsenen und Geschwister drehen sich kurzzeitig um, oder der Stuhl des Kleinkindes wird für einen kurzen Moment vom Tisch zurückgezogen oder weggedreht.

Wenn Sie mehr als drei Auszeiten bei einer Mahlzeit verhängen müssen, nehmen Sie die Speisen vom Tisch und beenden Sie die Mahlzeit. Damit verhindern Sie, dass die Mahlzeiten zu Kriegsschauplätzen werden und negative Assoziationen zum Essen entstehen. Ist Ihr Kind vor der nächsten (Zwischen-)Mahlzeit hungrig, ist das völlig harmlos – und es kann sogar ein Anreiz sein, dass es sich bei der nächsten Mahlzeit besser benimmt.

[6] Schimpfen Sie nicht mit Ihrem Kind, wenn es nichts essen will. Dennoch sollte es eine angemessene Zeit – etwa zehn Minuten – am Tisch sitzen bleiben.

Neuprogrammierung des Modells »Heikler Esser«

Manche Modelle nehmen die Umstellung und Vielfalt der Energiezufuhr nur zögernd an. Wenden Sie in diesem Fall folgende Gegenstrategie an:

[1] Bereiten Sie immer wieder ein Lieblingsessen Ihres Kindes zu und bieten Sie ihm bei jeder Mahlzeit ein Nahrungsmittel an, das es mag. Geben Sie aber nicht seinem Wunsch nach, ausschließlich Speisen zu

servieren, die es gerne isst. Wenn Sie immer nur Speisen auftischen, die Ihr Kind mag, verstärken Sie das heikle Essverhalten. Es kann dazu führen, dass Ihr Kind ganze Nahrungsmittelgruppen ablehnt. Antworten Sie auf »Das mag ich nicht« mit »Na ja, das gibt es aber heute Abend« und wechseln Sie das Gesprächsthema.

[2] Nehmen Sie Ihr Kind zum Einkaufen mit und beteiligen Sie es an der Essenvorbereitung. Die gemeinsame kreative Zubereitung von Mahlzeiten kann es Ihrem Kind leichter machen, neue Speisen zu akzeptieren. Schneiden Sie das Essen in Lieblingsformen oder helfen Sie Ihrem Kind, mit Plätzchenformen sein Lieblingstier aus einer Brotscheibe auszustechen.

[3] Nehmen Sie Ihre Mahlzeiten in einer entspannten Atmosphäre ein und vermeiden Sie Diskussionen über das Essverhalten Ihres Kindes. Schenken Sie Essensverweigerung, Weinen, Quengeln oder Wutanfällen nicht allzu große Aufmerksamkeit.

EXPERTENTIPP: *Viele Modellinhaber kochen eine Speise für die Familie und eine andere für das Kleinkind, weil sie glauben, dass ihr Kind das Familienessen nicht akzeptiert. Das kann aus Ihrem Kind einen heiklen Esser machen. Wenn Sie Ihrem Kind das Essen geben, das auch Sie zu sich nehmen, kann es eine größere Bandbreite an Speisen probieren und gesünderes Essverhalten lernen.*

[4] Loben Sie jeden kleinen Schritt, mit dem Ihr Kind seine Nahrungsmittelvielfalt erweitert. Zeigen Sie Freude, wenn Ihr Kind eine kleine Portion isst, aber drängen Sie es nicht zu mehr.

[5] Planen Sie Mahlzeiten sowie Zwischenmahlzeiten und essen Sie jeden Tag am selben Ort. Erlauben Sie zwischen diesen Mahlzeiten keine weiteren Snacks. Halten Sie etwa zwei Stunden zwischen jedem Essen ein und geben Sie in der letzten Stunde vor der Mahlzeit zum Trinken nur Wasser.

[6] Sie sollten Ihr Kind niemals anflehen zu essen, darüber verhandeln, überreden oder drängeln. Wenden Sie keinen Zwang an.

[7] Lassen Sie unabhängigen Kleinkindern die Wahl zwischen zwei gesunden Essensalternativen (»Willst du einen Apfel oder einen Joghurt?«).

EXPERTENTIPP: Weigert sich Ihr Kind, aus der gesamten Bandbreite an Nahrungsmittelgruppen zu essen, fragen Sie Ihren Service-Provider, ob Sie Multivitamine geben sollen.

Neuprogrammierung des Modells »Will-nicht-essen«

Zeigt Ihr Modell einen Standard-Energielevel und ein normales Wachstum, nimmt es höchstwahrscheinlich ausreichend Nährstoffe zu sich. Falls die Mahlzeiten allerdings ein regelrechter Kampf sind und Ihr Kind nur sehr wenig zu essen scheint, wenden Sie zusätzlich zu den oben genannten Tipps für die Neuprogrammierung des Modells »Heikler Esser« folgende Strategie an:

[1] Beenden Sie jede Mahlzeit mit einer positiven Bemerkung, auch wenn sich Ihr Kind geweigert hat, etwas zu essen. Bestehen Sie nicht darauf, dass Ihr Kind seine Flasche oder Tasse austrinkt oder den Teller leer isst. Warten Sie mit dem Füttern bis zur nächsten Mahlzeit und geben Sie ihm nicht zu essen, wenn es vom Tisch aufgestanden ist.

[2] Geben Sie ihm kleine Portionen, damit Ihr Kind stolz auf das sein kann, was es geschafft hat.

EXPERTENTIPP: Bewerten Sie die Kalorien- oder Nährstoffzufuhr Ihres Kindes nicht für jede einzelne Mahlzeit. Beobachten Sie die Nahrungsaufnahme über eine ganze Woche, und sprechen Sie mit Ihrem Kinderarzt darüber.

[3] Loben Sie Ihr Kind regelmäßig, wenn es isst, eine bislang unbekannte Speise ausprobiert, Zubehör richtig verwendet, sitzen bleibt und sich an die Tischregeln hält.

[4] Setzen Sie für Weinen, Wutausbrüche oder wiederholtes Betteln nach Snacks zwischen den Mahlzeiten kurze Auszeiten.

EXPERTENTIPP: Machen Sie sich hinsichtlich spezieller Vorlieben Ihres Kindes nicht allzu viel Gedanken. Es ist normal, wenn Kleinkinder in einer Woche nur eine bestimmte Speise essen wollen und dasselbe Essen in der nächsten Woche strikt ablehnen. Diese Phasen halten normalerweise nur kurz an und wirken sich meist nicht negativ aus.

Neuprogrammierung des Modells »Süßer Zahn«

Kleinkinder haben eine vorprogrammierte Vorliebe für Süßes – daher sollten die Inhaber frühzeitig Grenzen setzen und gesunde Alternativen anbieten. Hier finden Sie einige Vorschläge, mit denen Sie Ihr Kind von der übermäßigen Zufuhr von Süßigkeiten abbringen können.

EXPERTENTIPP: Es kursieren viele Irrtümer bezüglich des negativen Einflusses von Zucker auf die Ernährung von Kleinkindern. Zucker verursacht weder Hyperaktivität noch Diabetes (wenngleich Übergewicht das Risiko vergrößert). Bewiesen ist lediglich, dass zu viel Zucker die Zähne schädigt.

[1] Begrenzen Sie Art und Umfang der Süßigkeiten, die Sie zu Hause vorrätig haben, aber verbannen Sie Zucker nicht grundsätzlich. Wenn Sie Süßigkeiten ganz verbieten, schüren Sie nur das Verlangen Ihres Kindes nach mehr Zucker.

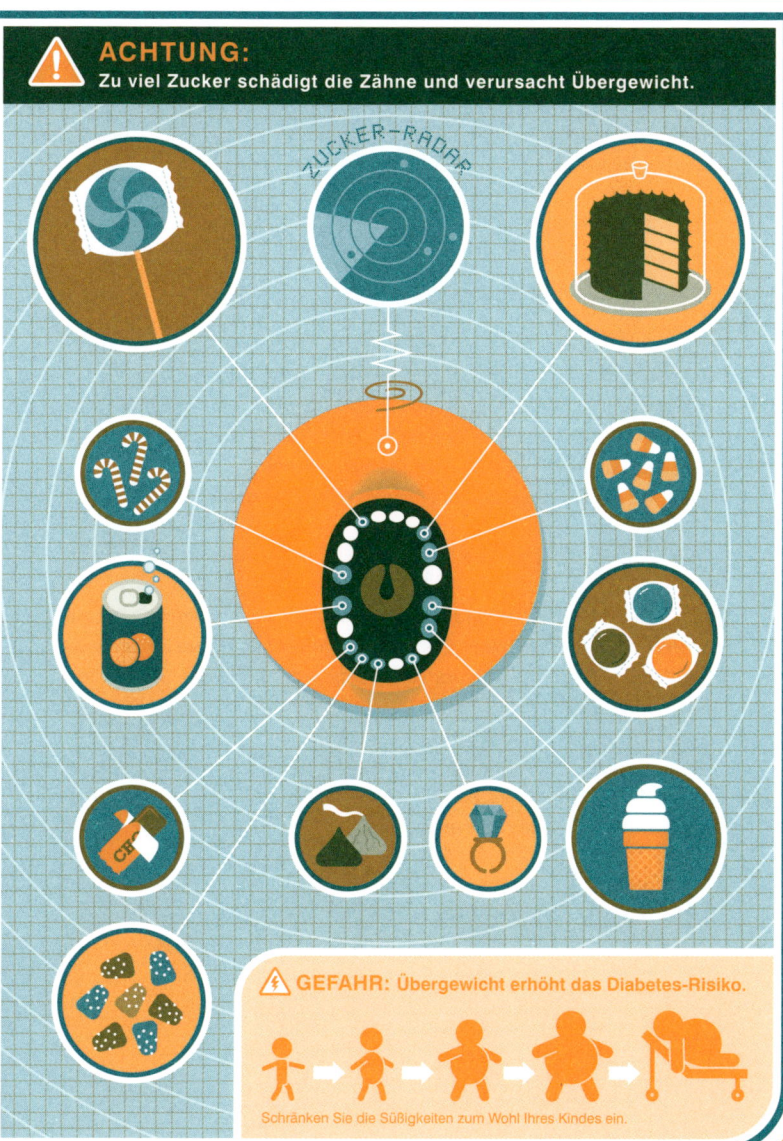

[2] Bieten Sie Ihrem Kind beim Einkaufen Alternativen. Besorgen Sie nur eine Sorte Eiscreme und ein oder zwei Kekssorten.

[3] Ersetzen Sie zuckerhaltige Nahrungsmittel nach und nach durch gesündere Alternativen wie frische oder getrocknete Früchte, Joghurt, Vollkorn- oder Haferkekse.

EXPERTENTIPP: Vermeiden Sie Machtkämpfe über den Nachtisch, indem Sie das Dessert bereits während der Mahlzeit an den Platz Ihres Kindes stellen. So ist der Nachtisch keine Belohnung und erhält keine spezielle Aufmerksamkeit. Selbst wenn Ihr Kind als Erstes das Dessert isst, lernt es mit der Zeit, die anderen angebotenen Speisen ebenfalls zu sich zu nehmen, um nicht vor der nächsten Zwischenmahlzeit hungrig zu sein.

[4] Füllen Sie keine gesüßten Getränke in die Trinkflasche Ihres Kindes.

[5] Bieten Sie Ihrem Kind eine große Bandbreite nährstoffreicher Lebensmittel an und beschränken Sie Süßigkeiten auf bestimmte Zeiten und Gelegenheiten. Geben Sie Ihrem Kind keine konzentrierten Süßigkeiten (wie Riegel) als Snack.

[6] Benutzen Sie süße Nahrungsmittel nicht zur Bestechung, Belohnung oder Beruhigung Ihres Kindes. Ihr Kind wird sie mit Liebe und Freude gleichsetzen und häufiger einfordern.

[7] Setzen Sie für Weinen, Wutausbrüche oder wiederholtes Quengeln nach dem Konsum von Süßigkeiten oder Snacks eine kurze Auszeit.

Essstörungen

Wenden Sie sich an den Kinderarzt, falls Sie eine der folgenden Essstörungen feststellen:

- Ihr Kind verliert Gewicht oder hat in den letzten sechs Monaten nicht an Gewicht zugenommen.
- Ihr Kind muss würgen, sich übergeben, hat etwas im Hals stecken oder Schwierigkeiten mit dem Kauen oder Schlucken von Nahrung.
- Ihr Kind leidet häufig unter Erkrankungen der oberen Atemwege und/oder Atemschwierigkeiten.
- Ihr Kind leidet nach dem Genuss bestimmter Nahrungsmittel an Fieber, Erbrechen, Atemschwierigkeiten, Ausschlag oder Durchfall.
- Ihr Kind zeigt nach Mahlzeiten Unwohlsein oder Schmerzen.
- Ihr Kind isst über einen langen Zeitraum nur sehr wenige Nahrungsmittel oder verweigert immer noch feste Nahrung.
- Ihr Kind ist bei den Mahlzeiten ängstlich, wütend oder weint regelmäßig.

[Kapitel 4]

Programmierung des Schlafmodus

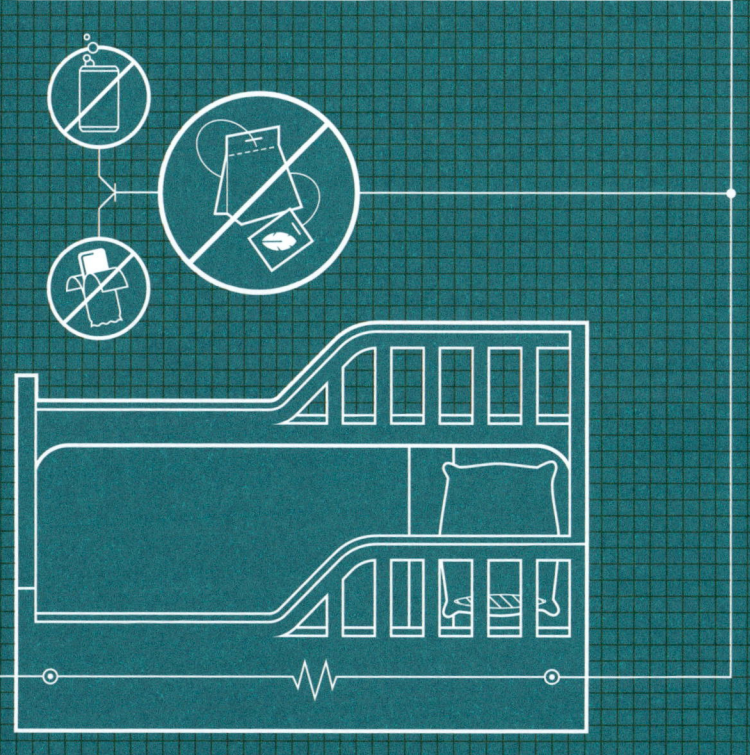

Konfigurieren des Schlafbereichs

Gewöhnen Sie Ihr Kind daran, dort einzuschlafen, wo es auch die Nacht verbringen soll. Eine ideale Schlafumgebung ist:

- ***Ruhig:*** Dämpfen Sie Geräusche, die Ihr Kind am Einschlafen hindern könnten, durch ein Hintergrundrauschen, z.B. einen Ventilator.
- ***Dunkel:*** Helligkeit kann das Einschlafen verzögern, verwenden Sie ein gedimmtes Nachtlicht.
- ***Angenehm temperiert:*** Kühle Raumtemperaturen (20° C) unterstützen einen guten Schlaf.
- ***Sicher:*** Vermeintliche Bedrohungen oder Gefahren beeinträchtigen den Schlaf.

Wechsel vom Gitterbett zum Kinderbett

Meistens findet der Umzug vom Gitterbett zum Kinderbett statt, wenn sich ein zweites Modell ankündigt oder Ihr Kind alleine aus dem Gitterbett klettern kann (in der Regel 18 bis 40 Monate nach der Lieferung).

Es sollte sich um einen relativ entspannten und stressfreien Zeitpunkt handeln (und nicht die Nacht, ehe Sie mit dem neuen Geschwisterchen nach Hause kommen). Legen Sie die Lieblingsspielzeuge Ihres Kindes in das neue Bett. Befestigen Sie ein Geländer, damit Ihr Modell nicht aus dem Bett fallen und sich verletzen kann, oder legen Sie, bis Ihr Kind sich an die neue Schlafumgebung gewöhnt hat, eine dicke Decke auf den Fußboden, die einen eventuellen Sturz aus dem Bett abpolstert.

Erste Option: Bauen Sie das Gitterbett ab und stellen Sie das neue Bett an derselben Stelle auf. Bringen Sie Ihr Kind in der ersten Nacht etwas später als üblich ins Bett, damit es auch wirklich müde ist. Wenden Sie die »Ich komme gleich wieder«-Methode an, um die Selbstaktivierung des Schlafmodus zu trainieren.

Zweite Option: Bauen Sie das neue Bett auf, aber lassen Sie das Gitterbett an der alten Stelle stehen. Gewöhnen Sie Ihr Kind an das Kinderbett, indem es sich tagsüber darin aufhalten darf. Nutzen Sie das neue Bett zunächst für ruhige Beschäftigungen wie Vorlesen oder Erzählen der Gute-Nacht-Geschichte und bieten Sie Ihrem Kind dann an, seinen Mittagsschlaf (oder, wenn es ganz wild darauf, ist den Nachtschlaf) darin zu halten. Manche Kinder wechseln eine Zeit lang zwischen beiden Betten hin und her, gewöhnen sich aber meist schnell an das Kinderbett. Bauen Sie das Gitterbett ab, sobald sich Ihr Kind im neuen Bett wohlfühlt.

Gemeinsam mit dem Kleinkind schlafen

Studien, die Schlafen von Eltern und Kindern in getrennten oder gemeinsamen Betten verglichen haben, konnten weder langfristige Vor- noch Nachteile feststellen. Es ist kein Problem, sein Bett mit dem Kleinkind zu teilen, wenn man es regelmäßig macht (und nicht nur bei Schlafschwierigkeiten des Kindes), die ganze Nacht gemeinsam schläft (und nicht nur zeitweise) und sich beide Eltern im Vorfeld einig sind (und nicht Momententscheidungen zu widersprüchlichen Reaktionen und Diskussionen führen).

In der folgenden Aufzählung finden Sie Vor- und Nachteile, damit Sie die beste Entscheidung für Ihr Kind und Ihre Familie treffen können:

Mögliche Vorteile:

- In einem gemeinsamen Bett zu schlafen wurde im Laufe der Geschichte in verschiedensten Formen praktiziert und ist in den meisten Gesellschaften immer noch der Normalfall.

- Es verhindert heftige Auseinandersetzungen über die Schlafenszeit und lange nächtliche Wachzeiten.
- Stillen ist einfacher und bequemer, so dass der weibliche Anwender mehr Schlaf bekommt.
- Manche Fachleute glauben, dass gemeinsames Schlafen die Bindung zwischen Eltern und Kind stärkt und die emotionale Entwicklung des Kindes unterstützt.

Mögliche Nachteile:
- Wenn das Kind mit im Elternbett schläft, kann das die spontane sexuelle Aktivität verhindern und negative Auswirkungen auf die Beziehung der beiden Partner haben.
- Kleinkinder sind beim Einschlafen stärker von der Anwesenheit der Eltern abhängig und können meist schlechter alleine einschlafen.
- Unfälle durch Umdrehen sind selten, aber nicht ausgeschlossen. Kleinkinder können aus dem Bett fallen, zwischen Bett und Wand eingequetscht werden oder sich den Kopf am Nachttisch stoßen.
- Kleinkinder bewegen sich im Schlaf und können damit Eltern nachts aufwecken.
- Manche Experten glauben, dass das gemeinsame Schlafen die Autonomie und Unabhängigkeit des Kindes ebenso behindert wie die Fähigkeit, sich selbst zu beruhigen.
- Manche Kleinkinder gewöhnen sich nur schlecht um, wenn das Schlafen im elterlichen Bett zu einer Gewohnheit geworden ist.

⚠️ *ACHTUNG: Schlafen Sie niemals gemeinsam auf der Couch oder in einem Wasserbett. Ein Kleinkind darf auch nie das Bett mit einem alkoholisierten Erwachsenen teilen.*

Upgrades im Schlafmodus verstehen

Im Zuge der Entwicklung reduziert sich die tägliche Schlafdauer eines Kleinkindes. Im Alter von ein bis fünf Jahren sinkt sie vor allem tagsüber. Der Schlafbedarf, die Schlafzeiten und die Schlafdauer variieren geringfügig von Modell zu Modell, ohne die allgemeinen Funktionen zu beeinträchtigen. Es besteht kein Anlass zur Sorge – das ist völlig normal und nicht etwa ein Herstellungsfehler.

Das Schlafprogramm Ihres Kleinkindes wird nicht nur von internen Faktoren beeinflusst, sondern auch von den täglichen Aktivitäten und dem Standpunkt der Besitzer. Es lässt sich daher neu programmieren und verändern.

Ihr Modell benötigt genügend Schlaf, um tagsüber optimal zu funktionieren. Seine Funktionen sind eventuell durch zu wenig Schlaf beeinträchtigt, falls es ein oder mehrere der folgenden Symptome zeigt:

- Schläft im Autositz schnell ein.
- Wacht erst eine halbe Stunde später auf, falls Sie es nicht wecken.
- Ist unleidig und gereizt oder hat häufige Wutanfälle.
- Ist zu bestimmen Tageszeiten hyperaktiv und leicht ablenkbar.
- »Klappt« abends schnell zusammen, nachdem es einige Tage zu wenig geschlafen hat.
- Schläft eine Stunde mehr oder weniger, als es der Altersnorm entspricht (siehe Übersicht Seite 83).

Morgen- und Mittagsschlaf

Am späten Morgen oder am Nachmittag gehen Kleinkinder zu kurzen »Nickerchen« in den Schlafmodus über. Kleinkinder, die diese Schlafzeiten einhalten, sind wacher, aufmerksamer und anpassungsfähiger als Kinder ohne Tagesschlaf. Die meisten Modelle benötigen nach ihrem Upgrade weniger Schlaf.

12 bis 20 Monate

Etwa 16 bis 20 Monate nach der Lieferung lassen die meisten Kinder aufgrund ihrer voreingestellten Programmierung den Morgenschlaf ausfallen und schlafen am Nachmittag etwas länger. Strukturen und das effektive Setzen von Grenzen werden umso wichtiger, sobald Ihr Kind sein Bett alleine verlassen kann und sein Bewegungsspielraum sich erweitert. Fantasie und Trennungsangst sind in diesem Alter besonders ausgeprägt, Schlafängste können auftreten.

21 bis 30 Monate

88 Prozent der Modelle schlafen 21 Monate nach der Lieferung tagsüber nur noch einmal. Die wachsende Unabhängigkeit und das Verlangen nach Autonomie können zu Widerstand gegen den Mittagsschlaf führen. Sie sollten ihn aber weiter einhalten, da Ihr Kind sonst gegen Abend übermüdet, gereizt und eventuell sogar aggressiv sein kann.

Drei bis vier Jahre

Die meisten dreijährigen Modelle halten immer noch an sechs Tagen der Woche einen Mittagsschlaf, aber im Laufe des vierten Lebensjahres ändert sich das. Modelle im letzten Stadium ihres Kleinkind-Upgrades starten beim Mittagsschlaf immer seltener den Schlafmodus. Halten Sie trotzdem an festen regelmäßigen Zeiten fest, in denen der Fernseher aus-, das Telefon leise geschaltet und das Zimmer abgedunkelt ist. Braucht Ihr Kind Schlaf, schläft es ein. Je nachdem wie lange Ihr Kind tagsüber geschlafen hat, sollten die abendlichen Bettzeiten etwas flexibler gehandhabt werden.

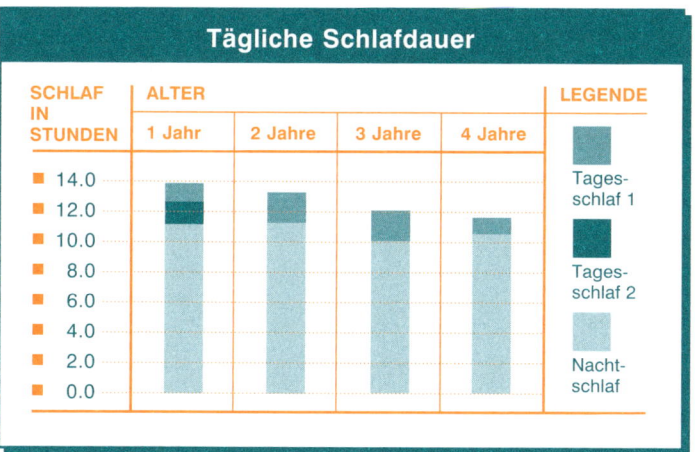

Selbstständiges Booten des Schlafmodus

Durch eine Schritt-für-Schritt-Programmierung helfen Sie Ihrem Kind, wichtige Schlafgewohnheiten selbst zu aktivieren, und minimieren zugleich Ihren eigenen Stress. Sprechen Sie die Vorgehensweise vor der Implementierung mit allen Betreuern Ihres Modells ab. Beim Start sollte Ihr Kind gesund und ausgeglichen sein. Hier finden Sie allgemeine Richtlinien für die Neuprogrammierung:

[1] Gewöhnen Sie Ihr Kind behutsam an den Ort, an dem es nachts schlafen soll. Richten Sie das Bett gemeinsam gemütlich ein. Falls Ihr Kind bislang in Ihrem Bett geschlafen hat, bestehen Sie nun darauf, dass es sich in das Kinderbett legt. Legen Sie sich zu ihm, bis es sich an die neue Umgebung gewöhnt hat.

💡 **EXPERTENTIPP:** *Das Bett sollte für Ihr Kind keine Assoziation mit Bestrafung oder Schmerzen haben. Für Auszeiten oder eventuell mit leichten Schmerzen verbundene medizinische Vorgänge (wie z.B. Fiebermessen) sollten Sie einen anderen Ort wählen.*

[**2**] Passen Sie die Umgebung behutsam an das Schlafen an. Eine schrittweise Vorgehensweise führt zur schnelleren Installation des Upgrades. Zum Beispiel:
- Hat Ihr Kind Angst vor Dunkelheit, dimmen Sie – schrittweise über mehrere Tage hinweg – die Deckenbeleuchtung. Ersetzen Sie die 60-Watt-Glühbirne erst durch 40 Watt, dann 20 Watt und schließlich 7 Watt.
- Ist Ihr Kind gewohnt, bei laufendem Fernseher einzuschlafen, reduzieren Sie zunächst die Lautstärke, wählen dann einen Sender, dessen Programm für Ihr Kind uninteressant ist, und schalten Sie das Gerät am Ende ganz ab.

[**3**] Installieren Sie eine Gute-Nacht-Routine mit Waschen, Zähneputzen, Anziehen des Schlafanzugs, Toilettengang u.a. Der letzte Programmpunkt sollte entspannend und positiv besetzt sein und im Kinderzimmer stattfinden (z.B. Gute-Nacht-Geschichte, Massage, Kuscheln). Auch Folgendes kann Teil der Routine sein:
- Lieblingsstücke: Puppe, Decke oder Stofftier können beim Einschlafen helfen. Andere Spielzeuge sollten Sie im Bett aber nicht erlauben.
- Leichter Snack oder Getränk: Viel Flüssigkeit, späte, schwere Mahlzeiten und Trinkflaschen im Bett können den Schlaf stören. Ihr Kind sollte einige Stunden vor der Schlafenszeit keine stimulierenden Getränke wie Cola, Tee oder Kakao trinken.

[**4**] Installieren Sie das selbstständige Booten des Schlafmodus. Die Schlafzyklen aller Kleinkinder sind so vorprogrammiert, dass sie nachts aufwachen. Modelle, die ein Programm zum selbstständigen Einschlafen implementiert haben, werden den Schlafmodus lautlos alleine aktivieren, während Modelle, deren Schlafmodus durch Kuscheln, Wiegen, Singen oder

Füttern gestartet wird, ihre Eltern nach dem nächtlichen Aufwachen mittels ihres Audiosystems alarmieren, um ihren Schlafmodus neu zu booten.

[5] Halten Sie Schlafzeiten strikt ein, bis das Upgrade beendet ist und Ihr Kind über zwei Wochen hinweg gut schläft. Wenn Sie diesen Entwicklungsschritt erreicht haben, können Sie flexibler werden. Je genauer Sie aber die Schlafzeiten einhalten, desto schneller wird Ihr Kind einschlafen, wenn es erforderlich ist. Das beste Ergebnis wird durch feste Weckzeiten an Werktagen, Wochenenden und in den Ferien erzielt.

[6] Belohnen Sie Ihr Kind schon für kleine Fortschritte, z.B. durch Sticker auf einer Übersicht, kleine Geschenke aus einer Wundertüte oder soziale Bestätigung durch Umarmen, Küssen oder Loben vor Freunden und Verwandten.

[7] Falls Ihr Kind alle Schritte verweigert oder es nur zäh vorangeht, sollten Sie Ihrem Kind helfen, seine Fähigkeiten tagsüber neu zu programmieren. Leistet es zur Bettzeit starken Widerstand, sollten Sie es trainieren, Regeln zu beachten und Konsequenzen zu akzeptieren. Zeigt Ihr Kind nachts Trennungsängste, üben Sie mit ihm tagsüber, alleine zu spielen und mit Trennungen umzugehen.

Installieren des selbstständigen Bootens des Schlafmodus

Hier finden Sie mehrere Methoden, mit denen Sie Ihrem Kind helfen, ohne Ihre Anwesenheit einzuschlafen. Wenn Sie das eigenständige Booten des Schlaf- und Beruhigungsmodus konsequent fördern, ist Ihr Kind bald in der Lage, den Schlafmodus allein zu aktivieren. Beginnen Sie mit den Strategien zur Nacht, fahren Sie dann mit dem nächtlichen Aufwachen und zuletzt dem Mittagsschlaf fort.

EXPERTENTIP: Teilen sich Ihre Kinder ein Zimmer, ist es eventuell notwendig, dass Geschwisterkinder bis zum vollständigen Abschluss der Programmierung an einem anderen Ort schlafen.

Ignorieren bei elterlicher Anwesenheit

Diese Methode ist stressfreier für Ihr Kind als das elterliche Verlassen des Zimmers. Aber Sie müssen sie vermutlich mehrmals pro Nacht wiederholen, ehe Ihr Kind in der Lage ist einzuschlafen, ohne dass Sie bei ihm sind.

[1] Legen Sie sich im Kinderzimmer auf eine Matratze oder Liege, aber sprechen oder kuscheln Sie nicht mit Ihrem Kind, sondern tun Sie so, als ob Sie schlafen. Ihr Kind soll auch ohne Ihre Worte und Aktivitäten einschlafen lernen.

[2] Reagieren Sie nicht auf Weinen, Proteste oder Betteln. Ist Ihr Kind eingeschlafen, verlassen Sie den Raum.

»Der wandernde Stuhl«-Methode

[1] Setzen Sie sich in einen Sessel und lesen Sie ein Buch, bis Ihr Kind eingeschlafen ist.
[2] Vergrößern Sie mit jeder Nacht den Abstand zum Bett. Ihr Kind protestiert eventuell, wenn es Sie nicht mehr sehen kann, aber wenn Sie konsequent bleiben, wird es sich daran gewöhnen.

»Ich komme gleich wieder«-Methode

[1] Bringen Sie Ihr Kind in der ersten Nacht 15 bis 30 Minuten später als üblich zu Bett.

[2] Setzen Sie sich ans Kinderbett und streicheln Sie Ihrem Kind über Kopf und Rücken. Sagen Sie: »Entschuldige, ich muss kurz nach dem

Hund sehen« (oder eine andere nachvollziehbare Ausrede), »ich komme gleich wieder«.

[3] Verlassen Sie den Raum und kehren Sie nach ein paar Sekunden zurück. Loben Sie Ihr Kind, wenn es ruhig im Bett liegen geblieben ist.

[4] Gehen Sie mehrfach hinaus und kommen Sie wieder. Schenken Sie Ihrem Kind Aufmerksamkeit, körperliche Nähe, sanfte Berührungen und Lob, wenn es ruhig und entspannt im Bett bleibt.

[5] Dehnen Sie Ihre Abwesenheit langsam von ein paar Sekunden auf maximal 15 Minuten aus. Ihr Kind sollte wach sein, wenn Sie den Raum verlassen, damit es einschlafen lernt, ohne dass Sie bei ihm sind. Falls Ihr Kind schreit, weint oder quengelt, betreten Sie das Zimmer erst, wenn es sich beruhigt hat und im Bett liegt.

[6] Hat Ihr Kind gelernt, innerhalb von 15 bis 20 Minuten alleine einzuschlafen, ziehen Sie die Bettzeiten über ein paar Tage hinweg wieder bis zur ursprünglichen Gute-Nacht-Zeit vor.

Abstellen frühkindlicher Bettflucht

[1] Gehen Sie gelegentlich ins Kinderzimmer, wenn Ihr Kind ruhig im Bett liegt, um sein positives Verhalten zu bestätigen.

[2] Verlässt Ihr Kind das Kinderzimmer, bringen Sie es sofort zurück ins Bett. Bleiben Sie ruhig und werden Sie nicht wütend. Das würde nur das Energielevel Ihres Kindes verstärken und es ihm erschweren, wieder einzuschlafen. Wiederholen Sie diesen Ablauf so oft wie nötig oder bis Sie zum nächsten Schritt übergehen möchten.

> **EXPERTENTIPP:** Bei der Neuprogrammierung älterer Kleinkinder kann es hilfreich sein, ihnen einen kleinen Handlungsspielraum einzuräumen. Laminieren Sie eine Karteikarte oder schenken Sie ihm eine alte Kreditkarte als »Kinderzimmer-Pass«, die es gegen einen einmaligen, erlaubten Ausflug aus seinem Zimmer eintauschen kann.

[3] Sehr hartnäckige Modelle benötigen bis zum Abschluss des Upgrades eine Barriere, die sie am Verlassen des Zimmers hindert. Montieren Sie ein Türgitter oder sichern Sie die geschlossene Tür mit einem Sicherheitsknauf oder einem Verschluss zum Einhängen. Bei schlechtem Benehmen schließen Sie rasch Gitter oder Tür und öffnen Sie sie sofort wieder, wenn sich Ihr Kind beruhigt und zugestimmt hat, im Zimmer zu bleiben. Halten Sie die Zimmertür nicht die ganze Nacht über verschlossen.

Neuprogrammierung des Schlafmodus auf Reisen

Kleinkinder haben oft Schwierigkeiten, sich an Veränderungen ihrer Schlafsituation anzupassen. Vor allem Ferien können durch ungewohnte Schlafzeiten und Umgebung schwierig werden. Einigen Kindern fällt die Anpassung der Programme leichter – sie haben auf Reisen weniger Schwierigkeiten. Bei diesen Modellen können Sie sich mehr Flexibilität erlauben und sich stärker an den Signalen Ihres Kindes als an festen Schlafenszeiten orientieren. Andere Modelle passen sich nicht so leicht an. In diesen Fällen erzielen Sie die besten Ergebnisse durch gute Planung und Vorbereitung:

[1] Buchen Sie ein Hotel oder eine Ferienwohnung mit einer ähnlichen Schlafsituation wie zu Hause (z.B. separate Zimmer oder ein großes Bett zum gemeinsamen Schlafen). Mit Laken, Decken oder Möbeln können Sie notfalls den Schlafbereich Ihres Kindes von den anderen Bereichen abtrennen.

[2] Üben Sie schon vor Reiseantritt, falls Sie mit Schwierigkeiten rechnen. Soll Ihr Kind in den Ferien gemeinsam mit einem Geschwisterkind oder in einem Reisebett schlafen, darf es sich zu Hause in der vertrauten Umgebung daran gewöhnen.

[3] Nehmen Sie vertraute Bettutensilien und Einschlafhilfen mit (z.B. Kissen, Decke, Stofftier, Schnuller, Ventilator oder eine andere Geräuschquelle).

[4] Halten Sie sich möglichst exakt an die gewohnten Bettzeiten, sonst ist Ihr Kind übermüdet, gereizt und kann noch schlechter einschlafen.

[5] Halten Sie sich aber auch die Möglichkeit offen, die Schlafregeln kurzzeitig flexibel anzupassen.

[6] Kehren Sie nach Ihrer Heimkehr sofort und ohne Ausnahme – nicht einmal für eine Nacht – zur normalen Bettzeit und -routine zurück. Alles andere verwirrt Ihr Kind, und es braucht länger, um sich wieder einzugewöhnen.

Schlafstörungen

Auch wenn der schwierigste Teil beim Upgrade des Schlafmodus eines Kleinkindes in der Aktivierung und Wartung besteht, kommt es bei einigen Modellen gelegentlich zu Fehlfunktionen. Diese Störungen können sehr plötzlich auftreten und die Modelleigner beunruhigen. Mit den folgenden Richtlinien zur Fehlerbehebung können Sie die Ursachen nächtlicher Störungen herausfinden und beheben:

Albträume

Albträume sind Furcht einflößende Träume, durch die Ihr Kind aufwacht. Sie deuten nicht unbedingt auf emotionale Probleme hin. Neue Erfahrungen und aufregende Zeiten, in denen Ihr Kind sich auf ungewohnte Situationen – wie Beginn des Kindergartenbesuchs, Sauberkeitstraining, Lieferung eines zweiten Modells – einstellen muss, können ebenso Ursache sein wie altersgemäße Ängste. Albträume können aber auch durch Krankheiten, Fieber und Anfang beziehungsweise Ende einer Medikamentengabe ausgelöst werden.

Hat Ihr Kind nur gelegentlich Albträume, helfen ihm Ihr Trost und Ihre Beruhigung. Leidet es regelmäßig darunter, helfen die folgenden Tipps:

[1] Stellen Sie sicher, dass Ihr Kind geregelt und ausreichend schläft.

[2] Nehmen Sie Ihr Kind in den Arm, wenn es aus einem Albtraum erwacht. Beruhigen Sie es und versichern Sie ihm: »Es war nur ein Traum«. Hören Sie zu, wenn es von seinem Traum erzählen will. Bleiben Sie gelassen und beschwichtigend. Vermeiden Sie lange Gespräche oder Interpretationen und schenken Sie dem Ganzen nicht allzu viel Aufmerksamkeit.

[3] Trennen Sie den Traum von der Wirklichkeit, indem Sie auf die seltsamen oder fantastischen Bestandteile hinweisen: »Du muss schlecht geträumt haben, denn du weißt ja, dass Hunde nicht reden können.«

Bestärken Sie Ihr Kind nicht bei einer Monsterjagd und initiieren Sie keine Rituale zur Suche nach Monstern.

[4] Bringen Sie das Model in sein Bett zurück, sobald es sich beruhigt hat. Falls Sie es in Ihr Bett legen, schläft Ihr Kind zwar in dieser Nacht leichter ein, doch das könnte dazu führen, dass es jedes Mal, wenn es in der Nacht kurz aufwacht, von Albträumen berichtet, um Ihre Aufmerksamkeit zu bekommen.

[5] Identifizieren und verändern Sie Situationen, die Ihr Kind überfordern. Halten Sie sich an eine feste tägliche Routine, damit Trennungen und Wiedersehen mit Ihnen für Ihr Kind vorhersehbar sind. Vermeiden Sie Angst einflößende Fernsehsendungen und Filme. Ihr Kind sollte keine Diskussionen über Streitthemen, Beziehungskonflikte, Geldsorgen oder Probleme im Job mitbekommen.

[6] Üben Sie mit Ihrem Kind, seinen Ängsten zu begegnen und diese zu meistern. Forschen Sie nach Themen oder Figuren sich wiederholender Albträume. Träumt Ihr Kind beispielsweise von Trennungen, können Sie diese trainieren. Gehen Sie kurz weg und kommen wieder zurück, damit Ihr Kind Vertrauen in die Situation fassen kann.

Nachtängste

Nachtängste beginnen häufig mit einem plötzlichen Schrei. Das Kind wirkt verängstigt, aufgewühlt und durcheinander. Es ist eventuell nicht ansprechbar, lässt sich nicht beruhigen oder starrt Sie ausdruckslos an. Derartige Ängste entstehen, wenn sich das Schlafprogramm des Kleinkindes im Stadium zwischen Tiefschlaf und Wachsein »aufhängt«. Diese Symptome können jede Nacht zur selben Zeit auftreten, etwa zwei bis drei Stunden nach dem Einschlafen. Die Störungen zeigen sich bevorzugt bei Kleinkindern, die durch zu langes Aufbleiben völlig

übermüdet sind, morgens zu früh aufwachen oder ihren Tagesschlaf versäumt haben. Krankheiten, Fieber, bestimmte Medikamente und eine laute Umgebung können ebenfalls Nachtängste auslösen. Kleinkinder, die schnarchen oder aufgrund von Schlafapnoe, verstopfter Nase oder Allergien unter Atemproblemen leiden, neigen stärker zu Nachtängsten.

[1] Erhöhen Sie mithilfe fester Schlafzeiten die Schlafdauer Ihres Kindes. Stellen Sie verspätetes Einschlafen und nächtliches Aufwachen ab, oder führen Sie wieder einen Tagesschlaf ein.

[2] Stellen Sie einen Ventilator auf, der die Umgebungsgeräusche, die Schlafängste auslösen können, übertönt.

[3] Wecken Sie Ihr Kind während einer Nachtangst nicht auf und nehmen Sie es nicht in den Arm – das kann den Zustand verschlimmern. Legen Sie es sanft wieder zum Schlafen hin.

[4] Wecken Sie Ihr Kind zu bestimmten Zeiten auf. Legen Sie Ihrem Kind etwa 15 bis 30 Minuten, ehe die Nachtangst üblicherweise auftritt, Ihre Hand auf die Schulter und rütteln Sie es sanft, bis Ihr Kind die Augen öffnet oder leise vor sich hin murmelt. Dann lassen Sie es wieder einschlafen. Wenn das Kind schnell aufwacht, wecken Sie es in der nächsten Nacht 15 Minuten später. Wenn das Aufwecken einen Anfall hervorruft, wecken Sie es in der nächsten Nacht 15 Minuten früher.

[5] Wiederholen Sie das Aufwecken zu einer bestimmten Zeit so lange, bis Ihr Kind sieben Nächte ohne Nachtangst durchgeschlafen hat, dann reduzieren Sie das Wecken jede Woche um eine Nacht, bis es nicht länger notwendig ist. Wenn Ihr Kind einen weiteren Anfall hat, verlängern Sie das Wecken wieder um eine Nacht. Wiederholen Sie diese Programmroutine, bis der Schlafmodus reibungslos funktioniert.

Nächtliches Spielen

Die meisten Modelle, die darauf programmiert sind, den Schlafmodus selbstständig zu booten, schlafen bei nächtlichem Aufwachen schnell wieder ein. Andere Modelle sind hingegen nach dem Aufwachen hellwach, glücklich und voller Tatendrang. Wenn diese Beschreibung auf Ihr Modell zutrifft, können die folgenden Vorschläge helfen:

[1] Oft ist der Grund für nächtliches Spielen, dass das Kind nicht müde ist, weil es zu anderen Zeiten ausreichend schläft. Reduzieren Sie die Schlafzeiten entsprechend seinem Bedarf. Kopieren Sie die Schlaftabelle im Anhang, füllen Sie sie aus und zählen Sie pro Tag alle Schlafzeiten, inklusive des Tagesschlafs, zusammen. Die Summe (z.B. zwölf Stunden) zeigt Ihnen, wie lange Ihr Kind maximal im Bett liegen sollte (z.B. neun Stunden nachts, drei Stunden tagsüber). Halten Sie sich strikt an die Schlafzeiten und erlauben Sie keinen zusätzlichen Schlaf, auch nicht nach nächtlichem Aufwachen. Ihr Kind mag anfangs müde und gereizt sein, aber in der dritten oder vierten Nacht wird sein Interesse an nächtlichem Spielen stark nachlassen.

[2] Alle Aktivitäten, die Ihr Kind als Belohnung oder Stimulierung empfinden könnte, sind nachts tabu. Lassen Sie den Fernseher ausgeschaltet, dimmen Sie das Licht und verhalten Sie sich eher unbeteiligt, damit Ihr Kind nicht glaubt, dass Spielzeit ist.

[Kapitel 5]

Instandhaltung und Training

Abfallentsorgung

Bis das Training Ihres Kleinkindes zur selbstständigen Abfallentsorgung abgeschlossen ist, müssen Sie die Windeln und/oder die Unterwäsche Ihres Modells regelmäßig wechseln. Obwohl viele Besitzer diesen Vorgang lästig finden, ist der Nutzen weit größer als die andernfalls auftretenden Unannehmlichkeiten.

Für unterwegs ist weiterhin die Verwendung einer Wickeltasche ratsam. Passen Sie den Inhalt an die Bedürfnisse Ihres Kindes an: größere Windeln, Trainingshosen, Wechselkleidung usw. Die neuen kognitiven Fähigkeiten Ihres Modells erfordern komplexeres Spielzeug oder Pappbilderbücher, mit denen es sich während des Wickelns beschäftigen kann.

Upgrade beim Windelwechsel

Die neue Mobilität des Kleinkindes erfordert ein Update des Wickelprozesses. Falls sich Ihr Modell nicht zum Wickeln hinlegen will, können Sie eine Alternativmethode im Stehen anwenden, sobald Ihr Kind die Balance auf einem Bein halten kann, wenn es sich festhält.

[1] Legen Sie das gesamte Zubehör in Reichweite.

[2] Knien Sie sich so vor Ihr Kind, dass es Sie ansieht.

[3] Helfen Sie Ihrem Kind, die Hose herunterzuziehen, oder tun Sie es selbst. Entfernen Sie die Unterwäsche und die volle Windel. Erklären Sie Ihrem Kind, dass es sich an Ihrer Schulter oder an einem anderen Halt festhalten soll. Legen Sie die verschmutzte Kleidung zur Seite.

[4] Säubern Sie Ihr Kind, falls nötig.

[5] Um die neue Windel anzulegen, bitten Sie Ihr Kind, die Füße schulterbreit zu stellen. Befindet sich Ihr Kind bereits im Sauberkeitstraining, ziehen Sie ihm nur saubere Unterwäsche an, gefolgt von der Oberbekleidung.

Programmierung des Kleinkindes auf selbstständige Abfallentsorgung

Die Programmierung des Kindes auf selbstständige Abfallentsorgung, auch Sauberkeits- oder Toilettentraining genannt, kann zu einer der größten Herausforderungen für Modell und Modellinhaber werden. Selbstständig eine Toilette zu benutzen erfordert von Kleinkindern eine Reihe komplexer Fähigkeiten. Manche Modelle können es kaum abwarten und bringen es sich praktisch alleine bei, andere widersetzen sich dem Prozess. Es ist wichtig, dass der Besitzer gelassen bleibt – egal wie das Kleinkind reagiert.

Anzeichen für die Bereitschaft des Kleinkindes (Abb. A)

Beim Start des Trainings sollten Sie sicher sein, dass Ihr Kind so weit ist. Normalerweise sind gesunde Kleinkinder circa 24 bis 30 Monate nach der Lieferung reif dazu, Mädchen meist etwas früher als Jungen. Ihr Kind sollte folgende Fähigkeiten besitzen, ehe Sie das Upgrade zur Programmierung auf eigenständige Abfallentsorgung starten:

■ Motorische Fähigkeiten: Ihr Kind sollte Gegenstände aufheben, seine Hose hoch- und herunterziehen und sicher laufen können.
■ Blasen- und Darmkontrolle: Ihr Kind sollte einige Stunden trocken bleiben, nur vier- bis sechsmal am Tag Wasser lassen und seine Blase vollständig entleeren. Wenn Ihr Kind häufiger kleine Mengen pinkelt (sieben- bis zehnmal am Tag), sollten Sie mit dem Training noch warten. Sprechen Sie mit dem Kinderarzt, falls Ihr Kind in letzter Zeit unter Verstopfung leidet

(harter Stuhlgang, Darmkrämpfe) und die Darmentleerung zu vermeiden versucht.

- **Sprachfähigkeit:** Ihr Kind sollte die Wörter »Pipi machen«, »Kacka«, »nass«, »trocken«, »sauber«, »schmutzig« und »Töpfchen« verstehen.
- **Wollen und können:** Ihr Kind sollte in der Lage sein, leichte Aufgaben nachzuahmen (z.B. in die Hände klatschen). Es sollte einfache Anweisungen wie »Komm bitte her« oder »Setz dich« verstehen und befolgen. Wenn Ihr Kind sich häufig widersetzt oder Wutausbrüche hat, sollten Sie sich erst mit diesem Verhalten beschäftigen, ehe Sie das Training beginnen.
- **Wahrnehmung von Blase und Darm:** Ihr Kind sollte äußern können, dass es auf die Toilette muss. Viele Modelle signalisieren dies mit Grimassen, indem sie eine bestimmte Körperhaltung einnehmen und sich z.B. hinhocken oder an ihren Lieblingsort gehen. Aber sie sagen auch, wenn es so weit ist oder sie fertig sind.

EXPERTENTIPP: Lassen Sie sich nicht von Außenstehenden zum Toilettentraining drängen, wenn Ihre Familie noch nicht dafür bereit ist. Suchen Sie sich einen Zeitraum aus, in dem es einige Wochen lang einigermaßen ruhig sein wird. Fangen Sie nicht mit dem Training an, wenn Sie einen Umzug planen oder gerade umgezogen sind, wenn Sie schwanger sind oder vor Kurzem ein Geschwisterkind bekommen haben oder wenn Sie erst kürzlich eine Krankheit, einen Todesfall, eine Scheidung oder eine andere Familienkrise zu bewältigen hatten. Wenn Sie das Sauberkeitstraining bereits begonnen haben und Ihr Kind nur langsame Fortschritte macht, müssen Sie in all diesen Fällen allerdings nicht wieder zu Windeln greifen. Bleiben Sie geduldig und machen Sie weiter.

Vorbereitungen zur Neuprogrammierung

[1] Sie sind ein Vorbild. Nehmen Sie Ihr Kind mit auf die Toilette und erklären Sie, was Sie gerade tun (»Mama beziehungsweise Papa macht Pipi ins Klo«).

[2] Üben Sie das Hoch- und Herunterziehen der Hose.

[3] Üben Sie mit dem Kind, Ihren Anweisungen zu folgen.

[4] Kaufen Sie ein Töpfchen und regen Sie Ihr Kind an, darauf zu sitzen. Stellen Sie das Töpfchen schon ein paar Wochen, bevor Sie mit dem Training beginnen, ins Bad. Dekorieren Sie gemeinsam mit Ihrem Kind den Topf mit Stickern und schreiben Sie den Namen Ihres Modells darauf. Ermuntern Sie Ihr Kind, sich voll angezogen auf den Topf zu setzen. Spielen Sie ein ruhiges Spiel oder lesen Sie vor, während Ihr Kind wie auf einem Stuhl auf dem Töpfchen sitzt. Zwingen Sie es niemals dazu. Kurz nachdem Ihr Kind mit dem Sauberkeitstraining begonnen hat, können Sie es zusehen lassen, wie Sie den Stuhlgang nach dem Windelwechsel in den Topf legen.

⚠ *ACHTUNG: Manche Töpfchen sind mit einem Spritzschutz versehen, an dem Kinder sich beim Hinsetzen verletzen können. Im Anschluss wollen sie den Topf dann eventuell nicht mehr benutzen. Der Spritzschutz sollte daher aus weichem, elastischem Kunststoff und abnehmbar sein.*

[5] Loben Sie Ihr Kind, wenn es einen Teil des Trainings erfolgreich absolviert hat (»Prima, du hast deine Hose heruntergezogen«). Lächeln Sie, umarmen und küssen Sie es. Zur Belohnung können Sie Ihrem Kind auch einen Sticker, eine Briefmarke oder eine andere Kleinigkeit schenken.

102 | Instandhaltung und Training

(Abb. A)
INSTALLATIONSVORAUSSETZUNGEN
1. Grundlegende motorische Fähigkeiten
2. Kann Kleidung deinstallieren
3. Fortgeschrittene Mobilität
4. Blasen-/Darmkontrolle

Autonome Müllentsorgung: Programminstallation – schrittw

Abb. B)
PROGRAMMSTART

r durch Powertraining.

Neuprogrammierung: Die Schritt-für-Schritt-Methode

[1] Suchen Sie einen geeigneten Starttermin und wickeln Sie Ihr Kind nur noch während der Schlafzeiten. Moderne Einmalwindeln absorbieren die Flüssigkeit so gut, dass sich ein »Missgeschick« für Ihr Kind nicht sonderlich unangenehm anfühlt. Diese Windeln schließen außerdem so dicht ab, dass der Besitzer einen Unfall erst mit Verspätung entdeckt (und die Neuprogrammierung zur selbstständigen Abfallbeseitigung infolgedessen länger dauert).

⚠ *ACHTUNG: Wenn Sie Ihrem Kind nach Trainingsbeginn (nachdem es gelernt hat, dass »Unfälle« unangenehm sind) wieder Windeln anziehen, kann das Ihr Kind verwirren – und den Prozess in die Länge ziehen.*

[2] Lassen Sie Ihr Kind auf dem Töpfchen sitzen. Viele kurze Sitzungen bewirken mehr als einige lange. Beginnen Sie mit etwa fünf Sekunden und arbeiten Sie sich bis auf circa drei Minuten vor. Sie können die Sitzung auch bis zu fünf Minuten ausdehnen, wenn Sie glauben, dass Wasserlassen oder Stuhlgang kurz bevorstehen. Planen Sie die Sitzungen in der Zeit, in der Ihr Kind normalerweise Stuhlgang hat, z.B. 15 bis 20 Minuten nach den Mahlzeiten oder nach dem Aufwachen.

💡 *EXPERTENTIPP: Männliche Modelle sollten ermuntert werden, im Sitzen zu pinkeln. Weibliche Modelle müssen lernen, sich von vorne nach hinten abzuwischen, um Infektionen der Scheide zu vermeiden.*

[3] Belohnen Sie Ihr Kind, wenn es seinen Abfall richtig entsorgt hat und loben Sie alles, was es beim Klogehen richtig gemacht hat. Vielen Kinder reicht ein Lob. Andere wollen Belohnungen wie Aufkleber, Briefmarken oder Süßigkeiten. Manche lieben es, die Klospülung zu drücken – überlassen Sie ihm dieses »Privileg«, wenn es erfolgreich war.

[4] Planen Sie gelegentliche »Unfälle« ein. Bereiten Sie sich darauf vor und bewahren Sie Ihren Humor. Halten Sie einen Beutel mit Wechselklei-

dung (Unterwäsche, Hose) und Feuchttücher bereit. Verzichten Sie auf Kritik, Schelte, Vorträge oder Strafe. Bleiben Sie ruhig und ermutigen Sie Ihr Kind (»Beim nächsten Mal klappt es bestimmt«). Ziehen Sie Ihrem Kind neue Kleidung an – Sie wollen ihm ja das gute Gefühl von Sauberkeit und Trockenheit vermitteln.

Neuprogrammierung: Intensivtraining

Die wenigsten Kleinkinder bewältigen das Sauberkeitstraining an einem Tag, aber der Prozess kann durch ein Intensivtraining beschleunigt werden. Beginnen Sie an einem Tag, an dem Sie zu Hause nicht durch Arbeit oder Besucher abgelenkt sind. Konzentrieren Sie sich ganz auf das Toilettentraining.

Neben den Komponenten der vorherigen Methode, die auch Bestandteil dieses Verfahrens sind, bauen Sie zusätzlich die unten aufgeführten Schritte in das Training ein. In der Frühphase können Sie mehrere intensive zweistündige Übungseinheiten einplanen, die entfallen, sobald Ihr Kind die entsprechenden Fähigkeiten gemeistert hat. Reagiert Ihr Kind ablehnend auf das Intensivtraining, setzen Sie es für einige Wochen aus und verfolgen das Schritt-für-Schritt-Programm.

[1] Erhöhen Sie die Flüssigkeitszufuhr. Wenn Ihr Kind mehr trinkt, hat es häufiger die Gelegenheit, den Toilettengang zu üben. Animieren Sie Ihr Modell etwa eine Stunde vor Trainingsbeginn, etwa 250 Milliliter Flüssigkeit zu sich zu nehmen. Stellen Sie verschiedene Getränke zur Wahl.

[2] Schlagen Sie Ihrem Kind immer wieder vor, sich auf den Topf zu setzen. Erinnern Sie es während der Trainingseinheit mindestens alle 15 Minuten daran. Beobachten Sie genau, ob Ihr Kind körperliche Anhaltspunkte zeigt (Gesichtsausdruck, Greifen, Beine überkreuzen, Hinhocken, Hin- und Herrutschen, Pupsen), die darauf hinweisen, dass es kurz vor der Abfallbeseitigung steht. Nehmen Sie es im Fall der Fälle bei der Hand und bringen Sie es zum Töpfchen.

[3] Prüfen Sie alle fünf Minuten, ob die Hose Ihres Kindes trocken ist. Stellen Sie sich einen Wecker, der Sie daran erinnert. Loben Sie Ihr Kind (»Gut gemacht, die Hose ist immer noch trocken«) und belohnen Sie Erfolge mit kleinen Geschenken.

[4] Gehen Sie nach jedem »Unfall« mit Ihrem Kind zum Töpfchen. Wenn Sie feststellen, dass sich Ihr Nachwuchs eingenässt hat, sagen Sie nüchtern: »Deine Hose ist nass, lass uns üben, auf die Toilette zu gehen«. Wechseln Sie die nasse Kleidung. Dann gehen Sie mit Ihrem Kind an die Stelle, an der das Missgeschick passiert ist, oder an die Stelle, an der Sie es entdeckt haben. Führen Sie Ihr Kind von dort ins Badezimmer. Helfen Sie ihm, seine Hose herunterzuziehen, setzen Sie es kurz auf die Toilette (ein bis zwei Sekunden), lassen Sie es aufstehen und die Hose hochziehen. Kehren Sie zum »Unfallort« zurück und wiederholen Sie das Ganze fünfmal.

EXPERTENTIPP: Verschieben Sie das Toilettentraining um einige Wochen, wenn Ihr Kind keine Fortschritte macht oder Sie feststellen, dass Sie die Nerven verlieren. Wenden Sie sich eventuell an Ihren Kinderarzt, wenn Ihr Kind:
- *sich weigert, sich auf das Töpfchen oder die Toilette zu setzen,*
- *stets ablehnend reagiert, wenn über das Sauberkeitstraining gesprochen wird,*
- *Verstopfung hat oder den Stuhlgang zurückhält,*
- *älter als vier Jahre und tagsüber noch nicht trocken ist.*

Training für die Nacht

Die Blasenkontrolle in der Nacht kann um Monate, in manchen Fällen sogar um Jahre, hinter der Kontrolle am Tag zurückbleiben. Zwei bis drei Jahre nach der Lieferung bleiben nur 45 Prozent der weiblichen und 35 Prozent der männlichen Modelle nachts trocken. Für die meisten Modelle ist es ganz normal, dass sie bis zum Alter von fünf bis sechs Jahren gelegentlich einnässen.

Ist die Neuprogrammierung für die selbstständige Abfallentsorgung am Tag abgeschlossen, nutzen Sie das Toiletten-Tagebuch (siehe Anhang, Seite 214) und notieren die Tage, an denen Ihr Kind morgens trocken ist. Wacht es fast jeden Tag nass auf, behalten Sie die Windeln oder Trainingshosen noch eine Zeit lang bei. Wenn es häufiger trocken als nass ist, entwickelt es allmählich seine Blasenkontrolle. Dann können Sie in Betracht ziehen, auf die Windel zu verzichten und die Matratze mit einer wasserfesten Auflage zu schützen. Wenn Sie jeweils zwei Schichten verwenden (Laken, Auflage, Laken, Auflage), brauchen Sie bei einem nächtlichen Missgeschick nur eine Lage abzuziehen. Ein Kleinkind, dessen Blase weit genug entwickelt ist, lernt durch das Fehlen der Windel, den Harndrang zu kontrollieren und aufzuwachen, wenn es auf die Toilette muss.

Geben Sie Ihrem Kind vor dem Zubettgehen keine großen Flüssigkeitsmengen und keine koffeinhaltigen Getränke, aber streichen Sie das Trinken nicht ganz. Loben und/oder belohnen Sie Ihr Kind für eine trockene Nacht. Bestrafung ist keine geeignete Maßnahme, um Einnässen zu verhindern.

Öffentliche Toiletten

Gehen Sie stets gemeinsam mit Ihrem Kind auf öffentliche Toiletten. Kleinkinder können, unabhängig von ihrem Geschlecht, die Damen- oder Herrentoilette aufsuchen. Ein dreijähriger Junge mag zwar an der »falschen« Tür stocken, wird aber normalerweise mit der Mutter gehen.

Training zur Selbstreinigung des Kleinkindes

Reinigen Sie Ihr Modell wie bisher, um eine optimale Funktionsweise sicherzustellen. Auch wenn Sie Ihr Kind nicht täglich baden – tatsächlich kann tägliches Waschen die Haut schädigen –, genießen viele Kinder das Ritual des Badens vor dem Zubettgehen. Baden Sie Ihr Kind wie in Babyzeiten und implementieren Sie folgende Techniken, um das Selbstreinigungsprogramm auf den neuesten Stand zu bringen:

⚠ *ACHTUNG: Lassen Sie Ihr Kind niemals unbeaufsichtigt in der Badewanne.*

Selbstständiges Waschen

Erlauben Sie Ihrem Kind, mit Waschlappen und Seife auf Erkundungstour zu gehen, wenn Sie ihm beibringen, sich selbst zu waschen. Je vertrauter es mit diesen Utensilien ist, desto eher wird es sie korrekt verwenden.

Sie können mit in die Badewanne steigen, wenn Sie Ihrem Kind zeigen wollen, wie es sich richtig wäscht. Machen Sie den Waschlappen nass, geben Sie Seife darauf und überlassen Sie Ihrem Kind das Schrubben.

Haare waschen

Mit folgender Technik lernt Ihr Kind, sich die Haare zu waschen:

[1] Gehen Sie gemeinsam in die Badewanne.

[2] Geben Sie Ihrem Kind eine Tasse, die es mit Wasser füllen kann.

PROGRAMMIERUNG DES SELBSTREINIGUNGSMODUS

PROGRAMMTIPPS

1. Demoversion aktiviert den Downloadmodus
2. Den Badeprozess immer überwachen
3. Zu langes und zu häufiges Baden kann zu trockener Haut führen

[3] Lassen Sie sich von Ihrem Kind das Wasser über den Kopf schütten. Kinder lieben das und wollen es immer wieder tun.

[4] Schlagen Sie Ihrem Kind vor, das Wasser über seinen eigenen Kopf zu gießen. Das braucht Ihre schrittweise Unterstützung, denn viele Kinder mögen es nicht, wenn ihr Kopf unter Wasser ist. Ihr Kind kann sich seinen Kopf auch mit dem Waschlappen waschen oder sich (mit Ihrer Hilfe) zurücklehnen und die Haare ins Wasser tippen.

[5] Geben Sie eine kleine Menge Babyshampoo auf seinen Kopf oder lassen Sie das Ihr Kind übernehmen. Bringen Sie das Shampoo zum Schäumen.

[6] Bitten Sie Ihr Kind, die Augen zu schließen, und wiederholen Sie Schritt 4. Waschen Sie alle Shampooreste aus seinem Gesicht, bevor Ihr Kind seine Augen wieder öffnet.

EXPERTENTIPP: Lassen Sie sich von Ihrem Kind die Haare waschen. So sieht es, was dabei passiert. Die Vertrautheit mit dem Prozess wird das Selbstreinigungsprogramm beschleunigen.

Hände waschen

Bringen Sie Ihrem Kind vor seinem zweiten Geburtstag bei, sich regelmäßig die Hände zu waschen. Üben Sie gemeinsam, um diese Funktion zu programmieren. Das Wasser sollte kalt sein. Erlauben Sie Ihrem Kind nicht, mit dem Heißwasserhahn zu spielen. Halten Sie die Hände Ihres Kindes unter fließendes Wasser, seifen Sie Vorder- und Rückseite ein und rubbeln, spülen und trocknen Sie seine Hände.

Zur Installation des Selbstreinigungsprogramms bitten Sie Ihr Kind, einen dieser Schritte zu übernehmen, und unterstützen es dann bei den übrigen. Wenn es seine Hände unter das Wasser halten kann, helfen Sie ihm bei der Applikation der Seife und schließlich mit dem Rest. Wiederholen Sie diese Prozessroutine, bis es alle Funktionen meistern kann.

Zähne putzen

Bis zu einem Alter von zwei Jahren ist es nicht notwendig, mit Ihrem Kind zum Zahnarzt zu gehen, außer bei Zahnverletzungen. Die frühzeitige Programmierung der Zahnhygiene ermöglicht Ihrem Kind aber lebenslang gesunde Zähne. Bis zum Alter von vier oder fünf Jahren können viele Modelle ihre Zähne nicht effektiv alleine putzen. Bis dahin sollten Sie Ihr Kind mit der Zahnbürste vertraut machen und damit experimentieren lassen. Zeigen Sie ihm, wie Sie selbst Ihre Zähne putzen und regen Sie es an, Ihre Bewegungen nachzuahmen.

Kontrollieren Sie die Zähne, nachdem Ihr Kind geputzt hat, und putzen Sie gründlich nach. Planen Sie das Zähneputzen mindestens zweimal täglich fest ein. Putzen Sie auch die Zunge, um Mundgeruch vorzubeugen.

Viele Kleinkinder mögen den Geschmack von Zahnpasta nicht. Putzen Sie entweder nur mit Wasser oder mit kleinen Mengen einer Zahnpasta für Kinder, die gefahrlos verschluckt werden können.

EXPERTENTIPP: Um das Interesse eines zögerlichen Modells zu wecken, können Sie Zahnputzzubehör mit seinen Lieblingszeichentrickfiguren kaufen. Oder Sie besorgen unterschiedliche Zahnbürsten und lassen Ihr Kind jeden Tag aussuchen, welche Zahnbürste es verwenden will.

Training zum selbstständigen Anziehen

Für alle Kleinkindmodelle wird weiterhin der Einsatz von Kleidung empfohlen. Mit etwa zwei Jahren kann Ihr Kind vielleicht ein oder zwei weite Kleidungsstücke alleine ausziehen. Die Fähigkeit, diese Kleidungsstücke ohne Hilfe anzuziehen, werden die meisten Kleinkinder aber erst zwischen drei und dreieinhalb Jahren entwickeln. Die mentale Fähigkeit, rechtzeitig mit dem Anziehen fertig zu sein, folgt sogar erst Jahre später. Üben Sie mit Ihrem Kind, sich anzuziehen, aber setzen Sie ein unwilliges Modell nicht unter Druck.

EXPERTENTIPP: Mit dem Interesse Ihres Kindes sich selbst anzuziehen, wächst auch das Interesse an dem, was es anzieht. Bieten Sie Ihrem Kind zwei Alternativen, wenn Sie nicht möchten, dass es seine Kleidung alleine aussucht. Viele Kleinkinder, die unabhängig werden wollen, genießen die »Macht«, wenn sie etwas auswählen dürfen. Indem Sie Alternativen anbieten, können Sie sicher sein, dass die Kleidung zu Wetter und Situation passt.

Um die Prozedur des selbstständigen Anziehens zu erleichtern, nehmen Sie Kleidung, die den folgenden Standards entspricht:

- Lockere Oberteile mit weitem Halsausschnitt.
- Lockere Hosen mit Gummizug.
- Wenige oder keine Knöpfe, Druckknöpfe oder Reißverschlüsse. Bänder bergen eine Erstickungsgefahr, vor allem am Hals. Verzichten Sie darauf.
- Schuhe zum Hineinschlüpfen oder mit Klettverschluss.

EXPERTENTIPP: Mittels der Methode »Gerüst stellen« können Modellinhaber ihr Kleinkind entsprechend seinen Fähigkeiten unterstützen. Helfen Sie Ihrem Kind nur bei den Teilen, bei denen es Ihre Hilfe benötigt, und überlassen Sie ihm alles, was es alleine schaffen kann. Halten Sie ihm beispielsweise das weit geöffnete Hosenbein hin und lassen Sie es die Hose selbst hochziehen. Loben Sie Ihr Kind anschließend.

Installieren von Unterwäsche und Hosen

[1] Bitten Sie Ihr Kind, sich auf den Rücken zu legen (Abb. A). Um ihm das zu demonstrieren, können Sie sich ebenfalls auf den Rücken legen.

[2] Heben Sie Ihre Beine und die Beine Ihres Kindes im 90-Grad-Winkel an (Abb. B).

[3] Zeigen Sie Ihrem Kind, wie man das Bein durch den entsprechenden Durchschlupf der Unterwäsche steckt (Abb. C).

[4] Erklären Sie Ihrem Kind, dass es das Gummiband der Unterhose nach oben auf die Hüften ziehen soll (Abb. D). Demonstrieren Sie, wie das funktioniert.

[5] Stellen Sie die Füße Ihres Kindes flach auf den Boden. Erklären Sie ihm, wie man die Füße auf den Boden presst und gleichzeitig Po und Hüfte vom Boden anhebt.

[6] Zeigen Sie ihm, wie man die Unterwäsche fertig anzieht. Prüfen Sie den Sitz der Wäsche, korrigieren Sie ihn, falls nötig, und loben Sie Ihr Kind.

[7] Wiederholen Sie den gesamten Ablauf mit der Hose (Abb. E).

EXPERTENTIPP: Existiert ein älteres Modell, lassen Sie Ihr Kleinkind dem Geschwisterkind beim Anziehen zusehen. Dank dieses Vorbilds lernt es schneller.

Installieren von Oberteilen

Zum Training der Installation von Oberteilen benötigen Sie lockere, kurzärmelige Teile mit weitem Halsausschnitt. Bleiben Sie geduldig, auch wenn dieser Lernprozess für Ihr Kind frustrierend sein kann.

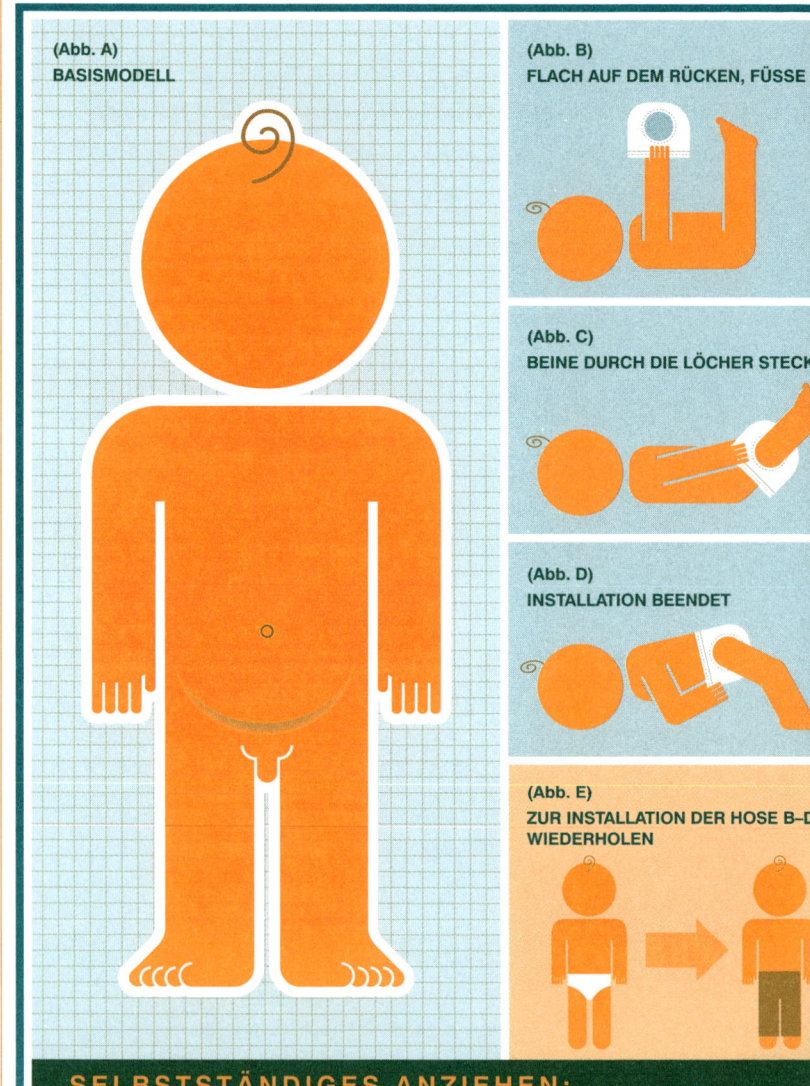

[1] Raffen Sie das Oberteil vom Kragen bis zum Saum zusammen und zeigen Sie Ihrem Kind, wie es das Shirt am Halsausschnitt greifen soll.

[2] Helfen Sie Ihrem Kind, den Kopf in die Halsöffnung zu stecken (Abb. F). Schätzen Sie die Geduld Ihres Kindes ab. Gefällt ihm das Training, lassen Sie ihm seinen Spaß. Ist es zunehmend frustriert, leiten Sie es stärker an und bieten ihm mehr Unterstützung.

[3] Bitten Sie Ihr Modell, das Shirt am Saum festzuhalten und schieben Sie seinen Kopf vorsichtig ganz durch die Halsöffnung.

[4] Halten Sie das Shirt unten fest und helfen Sie Ihrem Kind, die Arme durch die Öffnungen zu stecken (Abb. G). Helfen Sie nur so viel wie nötig, bis sich beide Arme in den Ärmeln befinden.

[5] Prüfen und korrigieren Sie, falls nötig, den Sitz des Shirts.

EXPERTENTIPP: Lassen Sie Ihr Kind den Umgang mit Reißverschlüssen und (Druck-)Knöpfen sowie die Installation von Kleidung an einer Puppe oder einem Stofftier üben.

Installieren von Socken und Schuhen (Abb. H)

Die Installation von Fußbekleidung erfordert ein höheres Programmlevel und ist für jüngere Kleinkinder meist zu komplex. Lassen Sie Ihr Kind entdecken, wie man Socken und Schuhe auszieht (Ihre und seine), damit es versteht, wie diese Gegenstände auf einen Fuß passen.

[1] Ziehen Sie eine Socke über die Zehen Ihres Modells. Da dieses Manöver relativ schwierig durchzuführen ist, sollte es in einem frühen Stadium des selbstständigen Anziehens noch von den Eltern übernommen werden.

[2] Bitten Sie Ihr Kind, sich hinzusetzen und die Sockenspitze mit beiden Händen zu greifen.

[3] Zeigen Sie auf Ihre Zehen und bitten Sie Ihr Kind, es Ihnen nachzumachen.

[4] Demonstrieren und erklären Sie Ihrem Kind, wie man seine Socken nach oben zieht, bis die Zehen an der Sockenspitze anstoßen.

[5] Wiederholen Sie Schritt eins bis vier mit dem anderen Fuß.

[6] Öffnen Sie einen Kinderschuh so weit wie möglich. Machen Sie alle Schnallen, Klettverschlüsse oder Schnürsenkel auf.

[7] Führen Sie einen Fuß Ihres Kindes in den Schuh. Halten Sie die Zunge (falls vorhanden) so, dass sie das Anziehen nicht behindert.

[8] Bitten Sie Ihr Kind, sich an Ihrer Schulter festzuhalten, wenn es in den Schuh steigt. Zeigen Sie ihm, wie man mit dem Fuß in die Ferse des Schuhs (falls vorhanden) drückt.

[9] Wiederholen Sie Schritt sechs bis acht mit dem anderen Fuß.

EXPERTENTIPP: Das Training mit einem fersenlosen Schuh oder einer Sandale erleichtert den Übungsprozess. Auch wenn Ihr Kind mit diesen zunächst unsicherer läuft, wird es den Bogen schnell heraushaben. Anfangs wird Ihr Kind vielleicht mehr Spaß daran haben, die Schuhe auszuziehen, als sie anzuziehen. Animieren Sie es zu beidem.

Installieren von Jacken

Zur Programmierung der selbstständigen Installation von Jacken wenden Sie den folgenden Ablauf an:

[1] Legen Sie die Jacke (mit der Vorderseite nach oben) auf den Fußboden. Öffnen Sie sie und breiten Sie die Ärmel links und rechts aus. Stellen Sie sicher, dass die Armlöcher offen zugänglich sind.

[2] Stellen Sie Ihr Kind an den oberen Teil (Kragen) der Jacke, aber nicht auf die Jacke.

[3] Zeigen Sie Ihrem Kind, wie man die Arme in das jeweilige Armloch steckt. Dazu muss es seine Arme leicht beugen und Sie müssen es wahrscheinlich dabei führen. Überzeugen Sie sich, dass sich beide Arme zur Hälfte in den Ärmeln befinden, ehe Sie zu Schritt vier übergehen.

[4] Lassen Sie Ihr Kind die Arme, die in den Ärmeln stecken, hoch über den Kopf strecken. Helfen Sie ihm, falls das Kleidungsstück dabei am Kopf hängen bleibt.

[5] Schließen Sie die Jacke oder überlassen Sie das Ihrem Kind.

Handhabung von langsamen oder »Will-nicht«-Modellen

Viele Kleinkinder wollen sich nicht selbst anziehen, wenn sie dazu aufgefordert werden, selbst wenn sie dazu in der Lage sind. Stellen Sie sicher, dass Ihr Kind über die erforderlichen motorischen Fähigkeiten verfügt, ehe Sie mit der folgenden Strategie fortfahren:

[1] Setzen Sie Ihrem Kind ein Zeitlimit (10 bis 20 Minuten), bis wann es angezogen sein muss. Stellen Sie eine Eieruhr.

EXPERTENTIPP: Loben Sie Ihr Kind beim Anziehtraining ausgiebig. Kommentieren Sie anfangs jede Kleinigkeit positiv – wie zum Beispiel den Arm in den Ärmel stecken – egal ob die Aufgabe perfekt erfüllt wurde oder nicht. Konzentrieren Sie sich auf Lob, bis Ihr Kind den Bogen raushat, danach können Sie verkehrt herum angezogene T-Shirts, Hosen oder verwechselte Schuhe korrigieren.

[2] Sehen Sie alle paar Minuten nach Ihrem Kind, aber lassen Sie es den Zeitraum selbst gestalten.

[3] Loben Sie Ihr Kind, wenn es vor dem Ablauf der Eieruhr mit dem Anziehen fertig ist und bieten Sie ihm eine Belohnung an: 10 bis 20 Minuten gemeinsame Zeit, einen Aufkleber oder eine andere Kleinigkeit. Ist Ihr Kind nicht rechtzeitig fertig, fordern Sie es auf, sich weiter anzuziehen. Falls notwendig, übernehmen Sie nach fünf bis zehn Minuten den Rest. Spielen Sie keine Spiele und sprechen Sie nur über das Anziehen. Belohnen Sie Ihr Kind nicht.

[Kapitel 6]

Wachstum und Entwicklung

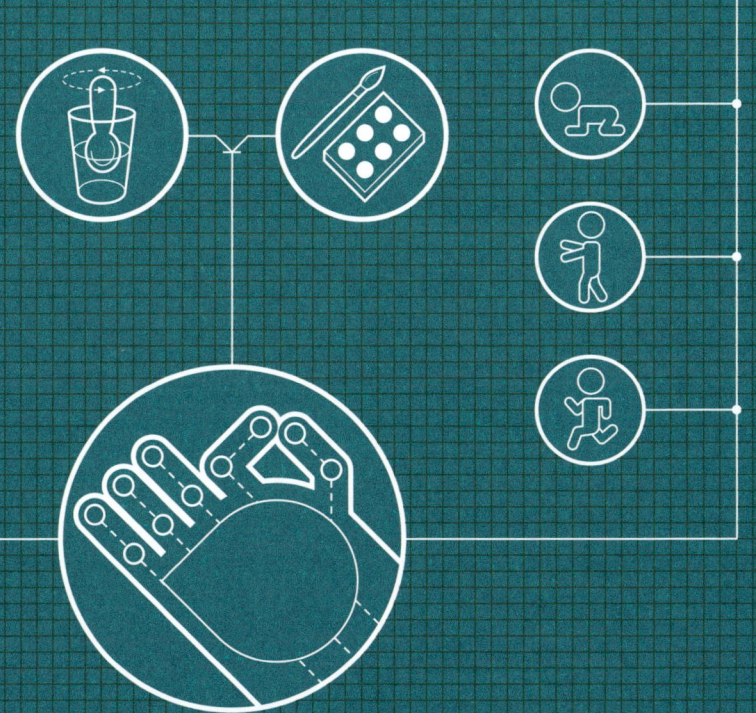

Körperliches Wachstum und Entwicklung

Wachstum und Gewichtszunahme eines Kleinkindes vollziehen sich weit langsamer als bei einem Baby im ersten Lebensjahr. Zwischen dem 12. und 24. Monat wächst ein Kind durchschnittlich 13 Zentimeter und nimmt 1,8 bis 2,3 Kilogramm zu. Die Beobachtung der körperlichen Entwicklung kann man durch das Errechnen der Durchschnittswerte unterstützen. Diese beschreiben, wie Ihr Kind im Vergleich zum nationalen Durchschnitt von Kindern mit demselben Alter und Geschlecht wächst. Meist werden Gewicht und Größe erfasst, manchmal auch der Kopfumfang.

Um die Durchschnittswerte Ihres Kindes zu errechnen, notieren Sie Größe und Gewicht. In den Grafiken auf Seite 123 und Seite 124 finden Sie den entsprechenden Wert je nach Geschlecht Ihres Kindes. In Kopf- und Fußzeile finden Sie das Alter des Kindes, links und rechts die Größe (in Zentimetern) und das Gewicht (in Kilogramm). Markieren Sie den Punkt auf der Linie, wo sich Alter und Wert kreuzen. Liegt der Wert auf der 5-Prozent-Kurve, bedeutet das, dass Ihr Kind mehr wiegt als 5 Prozent der deutschen Kinder. Beachten Sie, dass die Kurvenwerte bei Gewicht und Größe bei den meisten Modellen unterschiedlich sind.

Messen Sie den Durchschnittswerten nicht allzu viel Bedeutung bei. Auch wenn ein Kind bei der Größe auf dem Kurvenwert von 5 Prozent liegt, kann es als Erwachsener sehr groß werden. Der wichtigste Faktor bei der Größe ist die Wachstumsentwicklung der Eltern. Modellbesitzer, die in der Kindheit klein waren, haben meist ebenso kleine Kinder.

EXPERTENTIP: Multiplizieren Sie die Größe Ihres dreijährigen Jungen mit 1,87 beziehungsweise die Größe Ihres dreijährigen Mädchens mit 1,73, um die voraussichtliche Größe Ihres Kindes im Erwachsenenalter zu bestimmen.

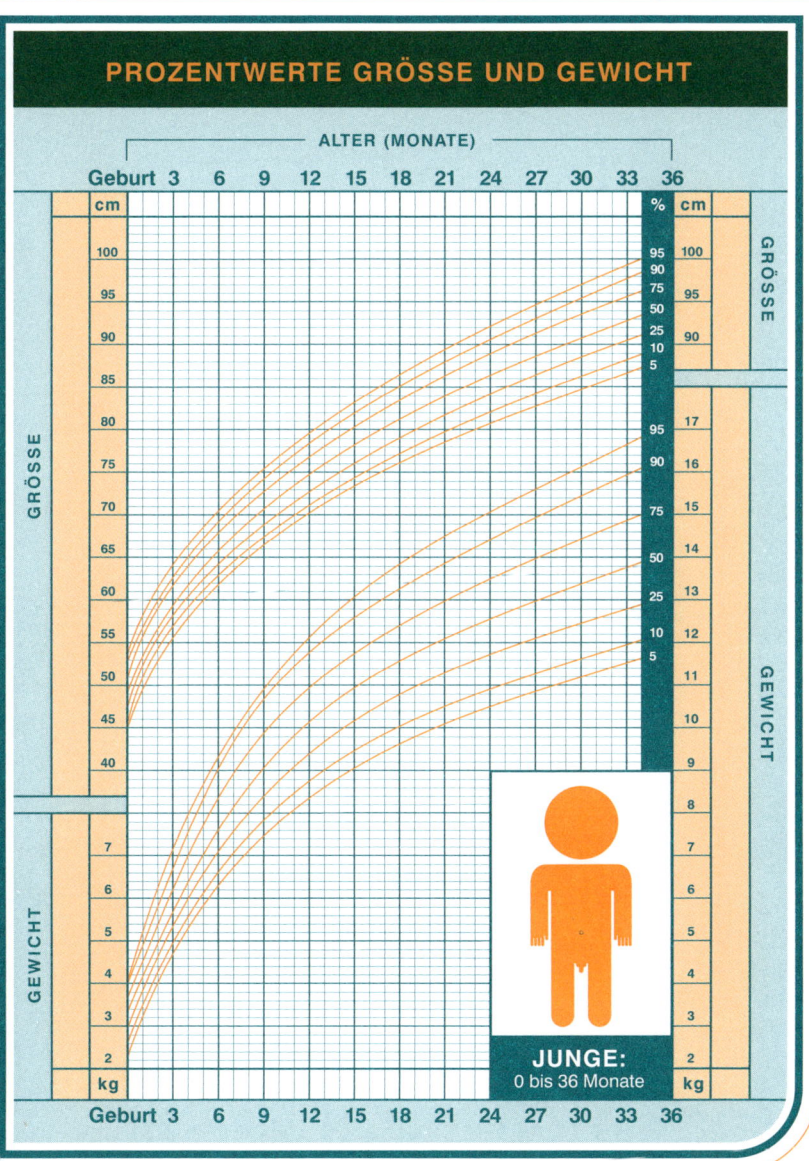

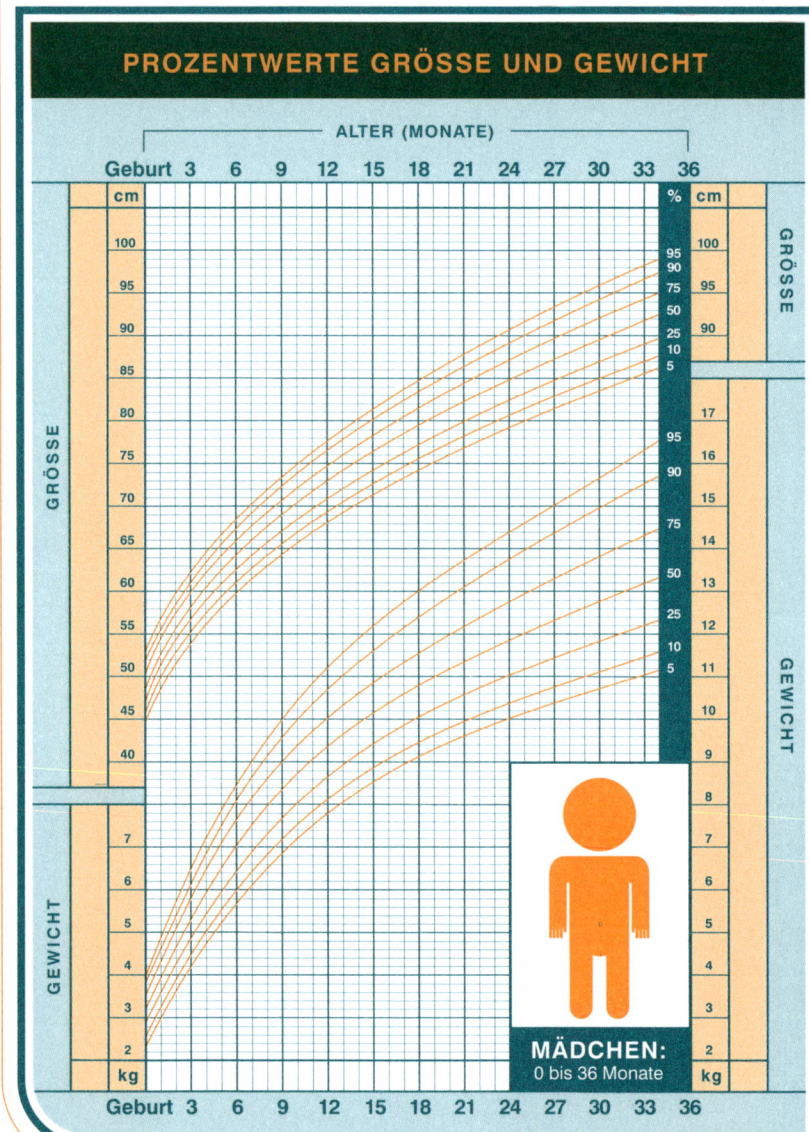

Zähne

Ihr Modell produziert fortlaufend neue Zähne. Diese wachsen bis zu einem Alter von circa drei Jahren, fallen später wieder aus und werden von bleibenden Zähnen ersetzt (ab einem Alter von sechs bis sieben Jahren). Ein vollständiger Satz an Milchzähnen beinhaltet:

- Vier zweite Mahlzähne
- Vier erste Mahlzähne
- Vier Eckzähne
- Vier äußere Schneidezähne
- Vier mittlere Schneidezähne

Die Reihenfolge, in der die Milchzähne durchbrechen, variiert von Modell zu Modell. Normalerweise ist die Reihenfolge wie folgt:

- Mittlere Schneidezähne: 6 bis 16 Monate
- Seitliche Schneidezähne: 9 bis 16 Monate
- Eckzähne: 16 bis 23 Monate
- Erste Mahlzähne: 13 bis 19 Monate
- Zweite Mahlzähne: 20 bis 33 Monate

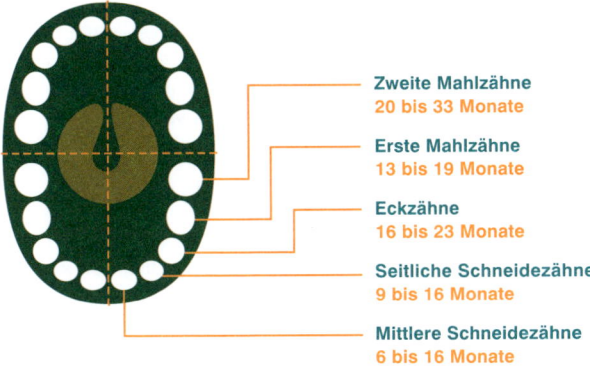

Zweite Mahlzähne
20 bis 33 Monate

Erste Mahlzähne
13 bis 19 Monate

Eckzähne
16 bis 23 Monate

Seitliche Schneidezähne
9 bis 16 Monate

Mittlere Schneidezähne
6 bis 16 Monate

Machen Sie sich keine Sorgen, wenn Ihr Kind diesem Zeitplan nicht exakt folgt. Solange Ihr Kind mit drei Jahren 20 Zähne im Mund hat, sind die Spezifikationen der zahntechnischen Entwicklung erfüllt. Pflegen Sie die Zähne Ihres Kleinkindes und trainieren Sie das eigenständige Putzen.

Bewegung und Beweglichkeit

Das typische Modell hat mit Beginn des Kleinkindalters begonnen, zu krabbeln und sich an Möbeln oder anderen stabilen Objekten hochzuziehen. In den kommenden Jahren wird diese Mobilität stark zunehmen. Standardmodelle können etwa zwölf Monate nach Zustellung laufen und hangeln sich dabei an Möbeln und anderen stabilen Gegenständen entlang. Typischerweise machen sie bald darauf ihre ersten Schritte ohne Festhalten. Mit 15 bis 18 Monaten können Kleinkinder in der Regel beim Laufen etwas tragen, auch wenn ihre Bewegungen noch wackelig sind. Ab 18 bis 24 Monaten sind sie in der Lage, schnell zu laufen, wenngleich ihnen meist noch die Balance für plötzliche Stopps und Antritte fehlt. Ab 24 Monaten sind Körperkontrolle und Koordination so weit ausgeprägt, dass die Kinder hüpfen können und das Treppensteigen mit einem Fuß nach dem anderen meistern (während sie zuvor noch die Treppe hinaufgekrabbelt oder -geklettert sind). Mit 36 Monaten hat Ihr Modell so viel Zutrauen in seine körperlichen Fähigkeiten, dass es gelernt hat, über ein Seil zu springen, auf einem Fuß zu stehen, punktgenau stehen zu bleiben, einen Ball richtig zu werfen und die Laufrichtung zu wechseln, ohne die Balance zu verlieren.

Körperliche Entwicklungsstufen

Im Laufe seiner Entwicklung erreicht Ihr Kind verschiedene körperliche Entwicklungsstufen, doch da jedes Modell unterschiedlich ist, gibt es dafür keine festen Zeitpunkte. Die körperlichen Entwicklungsstufen, die auf den folgenden Seiten beschrieben werden, orientieren sich am Durchschnitt verschiedener Modelle. Machen Sie sich keine Sorgen, wenn Ihr Modell andere Werte aufweist. Es gibt immer ein Leistungsspektrum – Abweichungen vom Durchschnitt sagen nichts über die Fähigkeiten Ihres Kindes aus. Kontaktieren Sie Ihren Service-Provider, wenn Sie sich über die Entwicklung Ihres Kindes Sorgen machen.

12 bis 18 Monate

Typische Performance im Alter von 12 bis 18 Monaten:
- Wachstumsrate nimmt ab. Ihr Kind hat sein Gewicht im ersten Lebensjahr in etwa verdreifacht, aber nun verlangsamt sich das Wachstum.
- Mit circa 13 Monaten zieht es sich in eine Standposition hoch und hangelt sich an Möbeln entlang, mit etwa 14 Monaten geht es freihändig. Hinweis: Kinder mit größeren Köpfen und größeren Körpern tendieren dazu, später zu laufen, weil für ihre effiziente Funktionsweise eine bessere Entwicklung der Muskulatur notwendig ist.
- Kann mit Daumen und Zeigefinger kleine Gegenstände greifen.
- Erkundet Gegenstände seltener mit dem Mund und häufiger mit den visuellen und taktilen Sensoren.
- Interessiert sich für alles. Ein größerer Bewegungsradius führt zu mehr Entdeckungsfreude, Experimenten und der Eroberung der Umwelt. Nehmen Sie Sicherheitsvorkehrungen sehr ernst – für eine optimale Funktionsweise in diesem Alter sind eine kindersichere Umgebung und Wachsamkeit erforderlich.
- Übt ständig neue Fähigkeiten wie Stapeln, Klettern und den Umgang mit Gegenständen.
- Macht Gesten, zeigt z.B. mit dem Finger auf Dinge, die es haben möchte.
- Kann mit Buntstiften oder Filzstiften kritzeln.
- Kann einen Ball werfen und rollen.
- Kann mit einem Löffel umrühren.

18 bis 24 Monate

Typische Performance im Alter von 18 bis 24 Monaten:
- Lernt auf einem Bein zu stehen.
- Verwendet Werkzeuge (Plastikhammer), Zubehör (Löffel) oder Buntstifte.
- Beginnt bei Tätigkeiten die Vorliebe für eine Hand auszubilden, obwohl die Händigkeit noch von Tag zu Tag wechseln kann.
- Läuft sicherer.
- Rennt. Klettert auf Möbel und Kommoden. Steigt Treppen und krabbelt aus dem Gitterbett.
- Ist ein scharfer Beobachter. Ahmt Tätigkeiten anderer nach.
- Kann einen Ball kicken.

24 bis 30 Monate

Typische Performance im Alter von 24 bis 30 Monaten:
- Kann stapeln, anordnen und Spielzeuge nach Ähnlichkeit sortieren.
- Kann einen großen Ball fangen, der aus geringer Entfernung geworfen wurde.
- Kann rennen, hüpfen, über ein Seil springen und herunterspringen.
- Kann sich fast selbstständig anziehen und ist ganz wild darauf, sich auszuziehen.
- Kann für kurze Zeit auf einem Bein balancieren.
- Kann auf einem Spielzeug mit Rädern fahren und sich dabei mit den Füßen abstoßen.

30 bis 36 Monate

Typische Performance im Alter von 30 bis 36 Monaten:
- Hat Links- oder Rechtshändigkeit entwickelt.
- Kann große Bälle fangen.
- Hat eine Fußkoordination entwickelt, dank derer es springen, einen Ball kicken, Dreirad fahren und Treppen steigen kann.
- Beginnt allmählich, einfache Formen mit Buntstiften nachzuziehen oder abzumalen.
- Bewältigt ein einfaches Puzzle.

Sprachentwicklung

Manche Modelle geben bereits mit sechs Monaten wortähnliche Laute von sich. Im Laufe der Jahre macht die verbale Programmierung Ihres Kleinkindes Fortschritte, so dass richtige Worte, Phrasen, Sätze und schließlich Non-Stopp-Abschnitte gebildet werden. Die meisten Modelle beginnen mit 10 bis 18 Monaten zu sprechen, aber die Geschwindigkeit, mit der das Upgrade implementiert wird, variiert stark von Modell zu Modell. In der Regel kennt ein zwölf Monate altes Kleinkind etwa sechs Wörter und ein 24 Monate altes um die 400 Wörter. Ein 36 Monate altes Kind kann schon Tausende von Ideen in ganzen Sätzen ausdrücken.

Hier finden Sie einige Techniken, mit denen Sie das Upgrade im Sprachprogramm Ihres Kleinkindes beschleunigen können:

[1] Reden Sie möglichst viel mit Ihrem Kind. Je mehr Wörter Sie verwenden, desto vertrauter werden sie ihm, und desto eher wird es sie selbst verwenden.

[2] Benennen Sie Gegenstände. Zeigen Sie auf eine Katze und sagen Sie »Katze«. Zeigen Sie auf einen Stuhl und sagen Sie »Stuhl«. Ihr Kind wird die Worte irgendwann wiederholen, seinen Wortschatz erweitern und mit einem Grundvokabular vertraut werden. Sobald es etwas älter ist, wird es beginnen, Sie nach den Begriffen für verschiedene Gegenstände zu fragen.

[3] Beschreiben Sie Ihrem Kind Ihre Tätigkeiten. Erzählen Sie, was Sie tun, damit Ihr Kind die Wörter im richtigen Zusammenhang hört. Erklären Sie: »Zuerst helfe ich dir, dein T-Shirt auszuziehen, dann wechsle ich deine Windel. Hier sind die Feuchttücher, mit denen ich dich abwischen kann.«

[4] Sprechen Sie über die Wörter, die Ihr Kind sagt. Wenn Ihr Kind »Auto« sagt, antworten Sie: »Ja, da fährt ein rotes Auto in die Tankstelle.« Durch positives Feedback lernt Ihr Kind, dass es das Objekt richtig benannt hat. Die längeren Sätze zeigen ihm die Wörter im richtigen Kontext – seine Beobachtung bekommt einen Sinn.

[5] Sprechen Sie in kurzen, einfachen Sätzen, die Ihr Kind verstehen kann. Sobald es größere Sprachfähigkeiten erworben hat, können Sie die Komplexität Ihrer Sätze und Sprachmuster erhöhen.

[6] Lesen Sie Ihrem Kind aus Büchern vor. Wenn Ihr Kind laut vorgelesene Geschichten hört, lernt es den Zusammenhang zwischen Wort und Bedeutung; zudem erweitert sich auf diese Weise sein Vokabular.

[7] Spielen Sie Sprachspiele. Zeigen Sie auf einen Gegenstand und lassen sie Ihr Kind diesen benennen. Stellen Sie Fragen, z.B.: »Wie macht die Kuh?«, um Ihr Kind bei der Ausbildung seiner kognitiven Fähigkeiten zu unterstützen.

Sprachliche Entwicklungsstufen

12 bis 18 Monate

Typische Performance im Alter von 12 bis 18 Monaten:
- Reagiert auf seinen Namen.
- Beginnt einfache Worte nachzuahmen oder zu sprechen. Zu den ersten Wörtern zählen in der Regel eine vertraute Person oder ein Gegenstand (Flasche, Mama, Ball).
- Kann die Bedeutung von »nein« verstehen.
- Kombiniert Wörter mit Gesten.
- Spricht zwischen zwei und 50 Wörter.
- Versteht zwischen drei und 100 Wörter – sehr viel mehr, als es sprechen kann.
- Kann einfache Anweisungen verstehen, wie »Bitte hol deinen Mantel«.

18 bis 24 Monate

Typische Performance im Alter von 24 bis 30 Monaten:
- Verwendet vertraute Substantive für Menschen, Tiere, Spielzeuge und Nahrungsmittel sowie einige einfache Verben (gehen, laufen).

- Spricht zwischen 10 und 100 Wörter.
- Versteht bis zu 400 Wörter.
- Benutzt häufig die Wörter »ich«, »mein« und »nein«.
- Spricht Ein- oder Zwei-Wort-Sätze: »Bin fertig«, »hoppa-la«.
- Erlebt eine Sprachexplosion, in der sich sein Vokabular innerhalb weniger Wochen verdreifacht – und infolgedessen es den Besitzer ständig löchert: »Und was ist das?«

24 bis 30 Monate

Typische Performance im Alter von 24 bis 30 Monaten:
- Beginnt Zwei-Wort-Sätze zu bilden.
- Ergänzt seinen Wortschatz um Verben, Pronomen und Adjektive.
- Kann Körperteile, Formen und Farben benennen.
- Verwendet weiterhin eine auf sich selbst zentrierte Sprache mit Wörtern wie »ich«, »mein«, »mir« und »nein«.
- Kann laut beschreiben, was es gerade tut.

30 bis 36 Monate

Typische Performance im Alter von 30 bis 36 Monaten:
- Kann über 1000 Wörter verstehen.
- Macht schnelle Fortschritte bei Grammatik und Satzbau.
- Macht noch logische Sprachfehler (z.B. Tolizei, gerum statt warum).
- Verbessert seine Aussprache.
- Erhöht die Komplexität der Sätze.
- Beginnt, längere Geschichten oder Erfahrungen zu erzählen.
- Will die Welt verstehen und fragt ständig nach Erklärungen (»Warum?«).

Emotionale und soziale Entwicklung

Zwischen dem 12. und 36. Monat ist Ihr Kind voller ungehemmter Emotionen. Es meistert viele neue körperliche, kognitive und sprachliche Fähigkeiten und sehnt sich nach Unabhängigkeit. Aber gleichzeitig kann die Aufgabe, all diese Dinge zu lernen und zu verstehen, überwältigend sein. Ihr Kind kann sich noch nicht so recht ausdrücken und ist körperlich noch nicht so eigenständig, wie es das gerne wäre. Dieser Widerspruch führt zu Wutausbrüchen und emotionalen Desastern.

In diesem Alter ist Ihr Kind auch vielen neuen Lebenssituationen ausgesetzt. Es trifft erste Freunde und lernt neues Spielzeug sowie neue Umgebungen kennen. Anfangs ist Ihr Kind nicht gewohnt, Spielzeug zu teilen oder sich beim Spielen abzuwechseln, aber mit dem richtigen Training entwickeln sich seine emotionalen und sozialen Fähigkeiten. Mit etwa drei Jahren zeigt es erste Anzeichen einer sozial akzeptierten Programmierung.

Das Temperament des Kleinkindes und das Vorbild der Eltern schaffen die Voraussetzungen für die soziale Entwicklung. Modellinhaber sollten Neugier und Forscherdrang ihres Kindes unterstützen, ohne zu stark zu kontrollieren oder entgegenzuwirken. Im Spannungsfeld zwischen Kontrolle und flexiblen Grenzen ist es wichtig, für die Sicherheit zu sorgen. Richtlinien für die Programmierung der sozialen und emotionalen Entwicklung Ihres Kindes finden Sie in Kapitel 7: Erziehung.

Emotionale und soziale Meilensteine

12 bis 18 Monate

Typische Performance im Alter von 12 bis 18 Monaten:
- Entwickelt intensiven Forscherdrang und meistert seine Umgebung körperlich. Erfolgreiche Entdeckungstouren können zu wachsender Autonomie und Unabhängigkeit sowie einem gestärkten Selbstwertgefühl führen.
- Verwendet nonverbale Signale in der Kommunikation: Streckt die Arme aus, um auf den Arm genommen zu werden, deutet mit dem Zeigefinger auf gewünschte Objekte.
- Ahmt die Bewegungen anderer nach.
- Zeigt seine Zuneigung.
- Beginnt, Alltagssituationen mit Requisiten nachzuspielen, z.b. Trinken aus einer Tasse.
- Zeigt rudimentäres Erkennen sozialer Situationen durch passendes Feedback auf Gesichtsausdrücke, Stimmen und Lautstärke.
- Spielt alleine und mit beziehungsweise neben Gleichaltrigen.
- Schlägt und beißt möglicherweise Gleichaltrige, um sein Territorium und Spielzeug zu schützen und sich selbst zu behaupten.
- Hat ein ambivalentes Verhältnis zu Nähe und Unabhängigkeit vom Modellinhaber.

18 bis 24 Monate

Typische Performance im Alter von 18 bis 24 Monaten:
- Zeigt deutliche Zeichen von Unabhängigkeit und will alles »selber« machen.
- Zeigt zunehmend Gereiztheit, negative Einstellung, Wutausbrüche, Trotz und Widerstand. Das berüchtigte »Trotzalter« erreicht vor dem zweiten Geburtstag seinen Höhepunkt.
- Spielt mit beziehungsweise neben Gleichaltrigen (mit nur wenig Interaktion).
- Rollenspiele werden komplexer. Dazu gehört auch das Nachspielen vertrauter Abläufe, z.B. Füttern oder Baden einer Puppe.

- Ist betroffen, wenn jemand traurig ist, und versucht, diesen zu trösten.
- Beruhigt sich schneller, wenn es wütend oder traurig war, und ist nicht nachtragend.

24 bis 30 Monate

Typische Performance im Alter von 24 bis 30 Monaten:
- Testet weiterhin Grenzen aus. Demonstriert seine Unabhängigkeit und beobachtet die Reaktion der Eltern.
- Macht bei interaktiven Spielen mit.
- Beginnt auf Forderungen nach mehr Selbstkontrolle in sozialen Situationen zu reagieren (Befolgen von Regeln, Teilen, kooperatives Spielen mit Gleichaltrigen).
- Kann nonverbale Hinweise (Gesicht, Stimme) besser lesen und so die Gefühle anderer interpretieren.
- Hat sehr genaue Vorstellungen, was es anziehen, essen und tun will. Legt eventuell großen Wert auf saubere Hände (und Windeln).
- Blüht bei festen täglichen Routinen auf (und besteht vielleicht sogar darauf).

30 bis 36 Monate

Typische Performance im Alter von 30 bis 36 Monaten:
- Beginnt unter Umständen, nach einfachen Strategien zu handeln.
- Zeigt große Fortschritte im Hinblick auf Eigeninitiative und soziale Interaktion.
- Kann Vorlieben für beziehungsweise Zuneigung zu bestimmten Freunden oder Spielkameraden zeigen.
- Beginnt, Regeln zu verstehen und zu verinnerlichen (aber nicht die Gründe dafür).
- Fängt eventuell an, sich für falsches Verhalten zu entschuldigen und es bei anderen zu erkennen.
- Beginnt, sich mit seinem eigenen Geschlecht (»Junge« oder »Mädchen«) zu identifizieren und zwischen männlichen und weiblichen Rollen, Spielen und Aktivitäten zu unterscheiden. Will die entsprechende Toilette benutzen.

- Zeigt ein wachsendes Interesse an Humor und Herumalbern, hat aber noch keinen Sinn für die rechte Zeit und den rechten Ort.
- Zeigt vielleicht wachsende Selbstkontrolle, Liebenswürdigkeit, den Wunsch zu gefallen und Interesse an Beziehungen zu Gleichaltrigen.
- Integriert interessierte Gleichaltrige in Rollenspiele und weist ihnen vertraute Rollen zu (»Ich bin der Vater und du bist die Mutter«).
- Beginnt langsam, die Gedanken, Gefühle und Wünsche anderer Menschen zu berücksichtigen, was das Teilen und Sich-Abwechseln beim Spielen erleichtert.

Training für Außer-Haus-Betreuung

Manche Kinder passen sich leicht an neue Umgebungen (z.B. Kindertagesstätten) und Betreuer (bspw. Babysitter) an, andere reagieren zunächst mit Angst und Kummer. Die Reaktion Ihres Modells auf eine Trennung hängt von seinem Naturell, der Anwesenheit vertrauter Menschen, gewohnter Umgebung sowie den körperlichen Eigenschaften und dem Verhalten des Fremden ab (z.B. wie diese Person sich dem Kind nähert und mit ihm Kontakt aufnimmt). Ein behutsamer Übergang ist auf jeden Fall empfehlenswert.

[1] Gewöhnen Sie Ihr Kind allmählich an die neue Situation. Verbringen Sie Zeit mit Ihrem Kind und dem neuen Betreuer in der neuen Umgebung. Das hilft sowohl Ihnen als auch Ihrem Kind, sich mit der Situation wohlzufühlen. Besuchen Sie die Kindertagesstätte einige Male gemeinsam, ehe Sie Ihr Kind in der Einrichtung alleine lassen.

[2] Lassen Sie Ihr Kind die neue Umgebung erforschen. Geben Sie ihm die Möglichkeit, neue Spielzeuge oder Bücher auf seine Weise zu erkunden und eine Beziehung zum Betreuer aufzubauen. Nehmen Sie Ihr Kind bei der Hand, wenn es unsicher ist, oder bleiben Sie dicht bei ihm, wenn Sie

TRAINING FÜR AUSSER-HAUS-BETREUUNG

TRAININGSTIPPS

1. Kind die neue Umgebung erkunden und Kontakt aufnehmen lassen
2. Spielnachmittage mit anderen Kindern verabreden
3. Nie ohne Verabschiedung gehen
4. Vorteile der Einrichtung erklären
5. Nach und nach die Abwesenheit verlängern

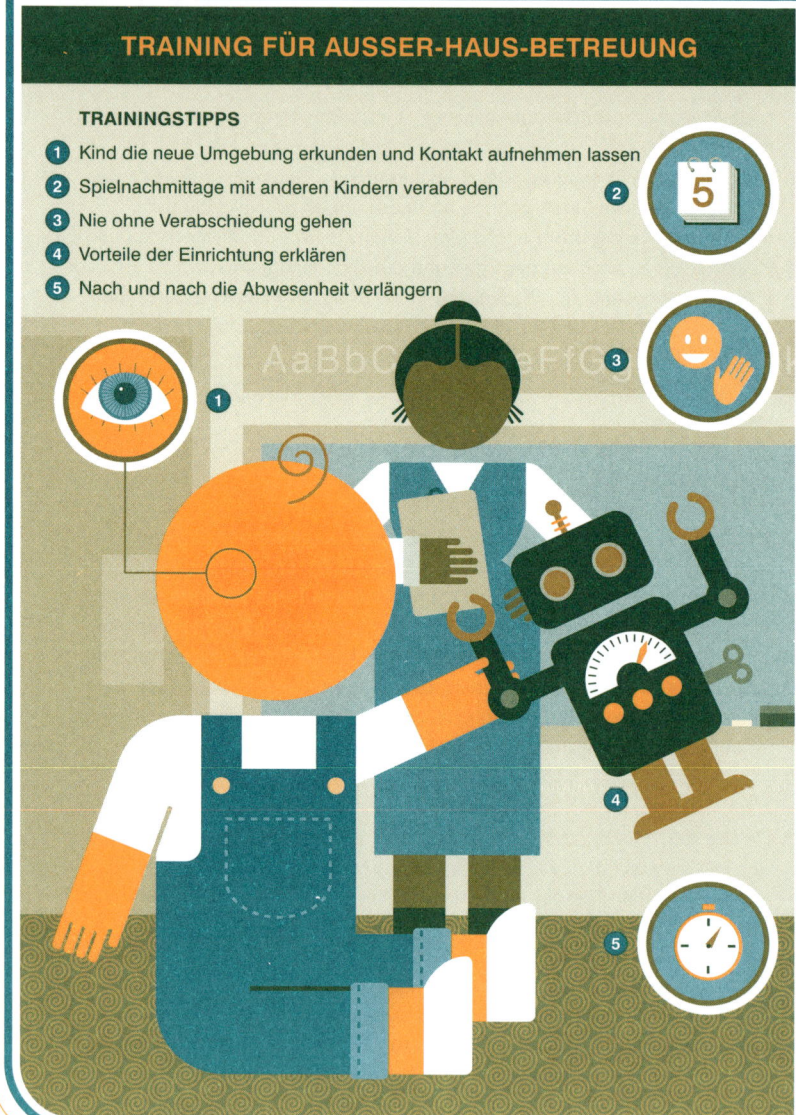

die neue Umgebung gemeinsam kennenlernen. Informieren Sie den Betreuer über Themen, die Ihr Kind interessieren – damit erleichtern Sie es ihm, eine Bindung zu Ihrem Kind zu entwickeln.

[3] Sprechen Sie mit Ihrem Kind über die anstehenden Veränderungen. Berichten Sie von den Vorteilen, z.B. Spielzeug oder den neuen Spielkameraden.

[4] Organisieren Sie Spielnachmittage mit anderen Kindern, die dieselbe Einrichtung besuchen.

[5] Bereiten Sie die Trennung von Ihnen durch kurze Abwesenheiten in der Kindertagesstätte vor. Sagen Sie Ihrem Kind, dass Sie zur Toilette gehen oder etwas trinken und gleich wieder zurück sind. Verabschieden Sie sich z.B. mit »Bis gleich«, verlassen Sie ein paar Minuten den Raum und kehren Sie dann wieder zurück. Geben Sie Ihrem Kind die Möglichkeit, die Trennung zu verarbeiten. Verlassen Sie die Einrichtung nach und nach für längere Zeiträume. Gehen Sie mit einem Lächeln, schleichen Sie sich nie davon und brechen Sie nie ohne Abschied auf.

⚠ *ACHTUNG: Viele Kinder weinen, wenn sie in der Obhut Fremder zurückgelassen werden – ein bei zahlreichen Modellen vorinstalliertes Programm. Es kann bis zu drei Wochen dauern, bis sich Ihr Kind an die neue Umgebung gewöhnt.*

[6] Verlängern Sie Ihre Abwesenheitsdauer schrittweise. Verabschieden Sie sich und bleiben Sie dann für eine Stunde, für einen halben Tag und schließlich den ganzen Tag weg. Sieht Ihr Kind, dass Sie fortgehen, aber wie versprochen zurückkommen, wird sein Vertrauen in Sie bestärkt.

[7] Zeigen Sie Ihre Freude beim Wiedersehen, aber werden Sie nicht allzu emotional, sonst merkt Ihr Kind, dass die Trennung schwierig für Sie war.

Bewältigung von Trennungsängsten

Kleinkinder, die verzweifelt über die Trennung von einem Elternteil sind, leiden unter Trennungsangst, einer Fehlfunktion in der Programmierung, die häufig im Alter zwischen 18 und 24 Monaten auftritt, aber auch deutlich länger dauern kann. Die Verzweiflung verschwindet, wenn Ihr Modell lernt, sich selbst zu beruhigen, mit anderen zu spielen und sich alleine zu beschäftigen.

Trennungsangst ist sowohl für Kinder als auch für Eltern problematisch, doch die Fähigkeit Ihres Kindes, sich selbst neu zu programmieren, um die Trennung zu bewältigen, ist eng mit Ihrem Verhalten beim Abschied verbunden. Bleiben Sie fürsorglich und einfühlsam (»Ich weiß, dass es schwer ist, ›Auf Wiedersehen‹ zu sagen«), aber gehen Sie nicht in die Falle, Ihr Kind zu sehr zu trösten. Wenn Sie ihm die Möglichkeit geben, kleineren Kummer alleine zu bewältigen, wird es sich mit der Zeit neu programmieren. Gehen Sie die Veränderung langsam an – so helfen Sie Ihrem Kind, sich an Ihre Abwesenheit zu gewöhnen.

[1] Gehen Sie gemeinsam mit Ihrem Kind aus dem Zimmer. Wenn es sich stark an Sie klammert oder »an Ihrem Bein hängt«, egal wohin Sie gehen wollen, bitten Sie Ihr Kind zunächst, Ihnen sein Lieblingsspielzeug aus dem Kinder- oder Spielzimmer zu »holen«.

[2] Bitten Sie den Babysitter oder Betreuer zunächst, zu Ihnen nach Hause zu kommen (unbekannte Person, vertraute Umgebung). Gehen Sie für eine Stunde einkaufen oder treffen Sie Freunde.

[3] Besuchen Sie mit Ihrem Kind eine vertraute Person in einer unvertrauten Umgebung. Lassen Sie Ihr Kind für eine Stunde bei Großeltern, Freunden oder Verwandten allein.

[4] Implementieren Sie eine Trennungsroutine. Verlässliche Abläufe können Ihrem Kind helfen, seine Ängste zu überwinden und sich an die Tren-

nung zu gewöhnen. Sagen Sie Ihrem Kind, wann Sie zurückkommen, geben Sie ihm einem Kuss, nehmen Sie es in den Arm, winken Sie und verlassen Sie den Raum.

EXPERTENTIPP: *Langfristige Probleme mit Trennungsangst sind oft das Ergebnis erlernten Verhaltens. Kleinkinder lernen, wie sie sich bei einer bevorstehenden Trennung verhalten müssen, damit die Eltern länger bei ihnen bleiben, schneller zurück sind und seltener fortgehen. Oft bestätigt der Versuch der Inhaber, die Performance ihres Modells durch zusätzliche Umarmungen, Küsse und Beteuerungen zu verbessern, ihrem Kind, dass es allen Grund zur Unsicherheit hat. Dies kann Verhaltensstörungen verstärken und das Kind daran hindern, Fähigkeiten zur eigenen Beruhigung zu entwickeln und ungewohnte Situationen zu meistern.*

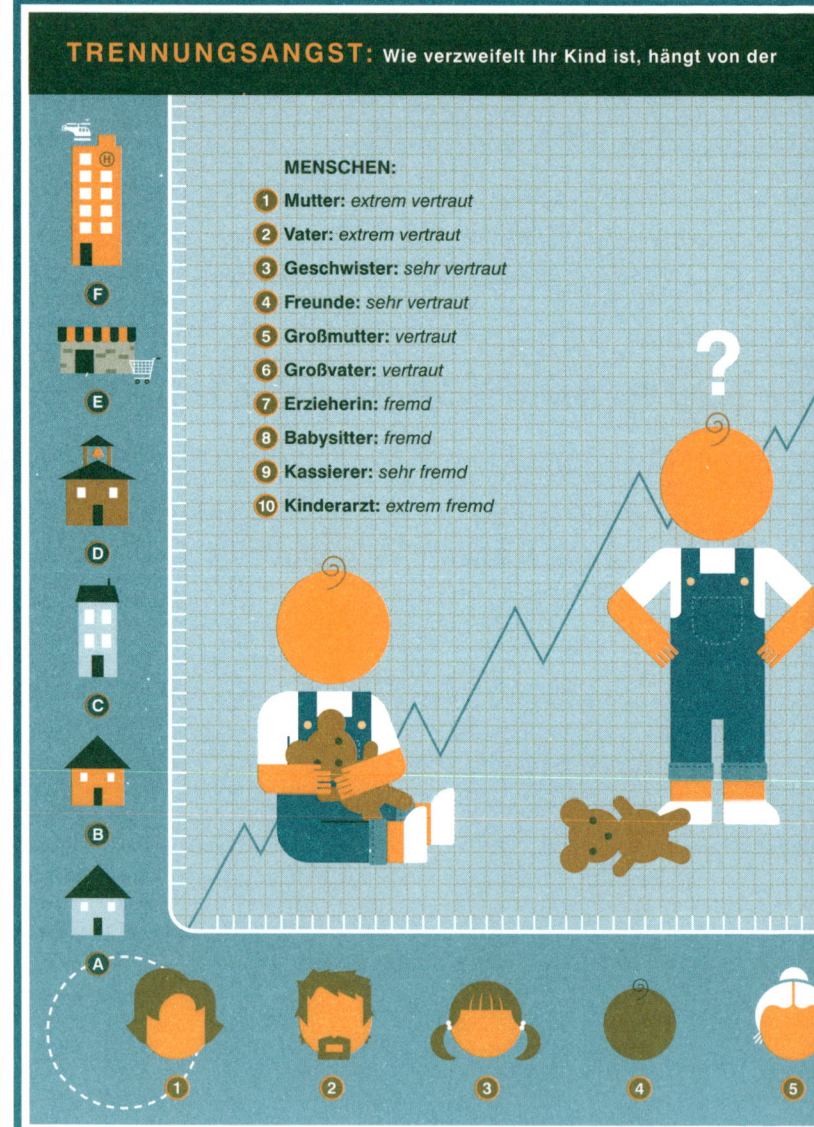

Training zur Selbstbeschäftigung

Die Programmierung Ihres Kindes auf Selbstbeschäftigung ist eine wichtige Funktion, von der Modell und Inhaber gleichermaßen profitieren. Kleinkinder, die alleine spielen können, sind tendenziell einfallsreicher sowie fantasievoller und entwickeln größeres Selbstvertrauen. Freie Zeit und gelegentliche Langeweile wecken Fähigkeiten zum Selbstmanagement, die Ihr Kind bald zum erfolgreichen Verhalten in sozialen Situationen benötigen wird. Obwohl Veranlagung und Aufmerksamkeitsspanne bei der Selbstbeschäftigung im Vergleich der Modelle stark variieren, kann die Programmierung bei allen Kleinkindern erfolgreich erfolgen, wenn nach und nach die folgenden Fähigkeiten eingeübt werden:

[1] Füllen Sie verschiedene Spielzeugboxen mit Gegenständen, die sich zur Selbstbeschäftigung eignen, z.B. zum Bauen, Malen und Basteln oder für Rollenspiele. Puzzle, Formen, Bauklötze, Stifte und Papier, Bilderbücher, Puppen, Spielhäuser und Kleidungsstücke der Eltern (Hüte, Schuhe, Taschen, Schmuck oder Brief- und Aktentaschen) sind gut geeignet. Tauschen Sie die Boxen und deren Inhalt immer wieder aus, geben Sie neues Spielzeug hinein und nehmen Sie altes heraus, um das Interesse Ihres Kindes wachzuhalten.

[2] Schalten Sie den Fernseher aus. Packen Sie das »neue« Spielzeug aus und spielen Sie gemeinsam mit Ihrem Kind. Machen Sie mit und schaffen Sie so eine besondere Nähe zu Ihrem Kind.

[3] Nehmen Sie nach einiger Zeit weniger aktiv am gemeinsamen Spiel teil. Spielen und sprechen Sie weniger und beobachten Sie Ihr Kind.

[4] Ziehen Sie sich nach und nach zurück, vielleicht zum Lesen auf einen Stuhl. Ihr Kind protestiert vermutlich zuerst, aber bleiben Sie konsequent,

damit es sich daran gewöhnt, alleine zu spielen. Blicken Sie gelegentlich auf, beschreiben und loben Sie sein Verhalten, oder geben Sie ihm eine positive körperliche Rückbestätigung.

[5] Entschuldigen Sie sich beim nächsten Mal für kurze Zeit, wenn Ihr Kind in sein Spiel vertieft ist. Erfinden Sie einen Grund, wie »Ich muss kurz etwas nachsehen« oder »Ich bin gleich wieder da«. Kommen Sie nach ein paar Sekunden zurück und loben, umarmen oder küssen Sie Ihr Kind. Bleiben Sie allmählich länger weg, damit Ihr Kind lernt, alleine zu spielen, aber kommen Sie immer mit einer positiven Rückbestätigung zurück. Schließlich wird Ihr Kind gar nicht mehr bemerken, dass Sie nicht da sind.

⚠ *ACHTUNG: Ihrem Kind Selbstbeschäftigung beizubringen heißt nicht, die Beaufsichtigung zu vernachlässigen.*

① Stifte (und Papier)
② Bilderbücher
③ Anziehpuppen
④ Bauklötze
⑤ Puzzles

Entfernen von Beruhigungseinheiten

Service-Provider haben heute gegen die Bindung von Kleinkindern an temporäre Objekte wie Tücher, Schnuller oder Stofftiere weniger Vorbehalte als noch vor 20 Jahren. Das Daumen- beziehungsweise Fingerlutschen oder eine starke Vorliebe für bestimmte Gegenstände schaden Ihrem Kind im Allgemeinen weder körperlich noch emotional. Wenn Sie dennoch besorgt sind, können Sie Ihr Kind mit der folgenden Methode entwöhnen:

[1] Beginnen Sie die Einschränkung der Beruhigungseinheit zunächst an bestimmten Orten wie zu Hause oder im Auto (Nachtfahrten ausgenommen). Erlauben Sie Ihrem Kind nicht mehr, den temporären Tröster in die Öffentlichkeit mitzunehmen.

[2] Als Nächstes dulden Sie ihn nur noch beim Schlafen (Nacht- und Tagesschlaf). Legen Sie das Trostobjekt bei der Vorbereitung auf die Schlafenszeit außerhalb der Reichweite Ihres Kindes. Für viele Kinder ist das das Äußerste, das sie aushalten können. Es gibt keinen Grund, die Beruhigungseinheit ganz aus dem Kinderzimmer oder dem Bett zu entfernen. Wird sie nur im privaten Bereich des Kindes benutzt, entfällt die Gefahr durch eventuelle Hänseleien anderer Kinder. Die Nutzungsdauer sinkt, und auch die möglichen Folgen für Gesicht oder Zähne (durch orale Beruhigungssauger) reduzieren sich.

[3] Zur vollständigen Deinstallation schneiden Sie nach und nach ein Stück der Beruhigungseinheit ab – damit reduzieren Sie den Spaß. Kürzen Sie das Nuckeltuch oder den Schnuller (nur bei einteiligen Modellen!) Stück für Stück an der Spitze. Ihr Kind wird es zwar bemerken und zunächst protestieren, aber möglicherweise das Objekt als kaputt bezeichnen und selbst entsorgen.

Daumen- und Fingerlutschen

Das Daumen- und Fingerlutschen muss getrennt betrachtet werden, weil beide Extremitäten Eigentum Ihres Modells sind, was das Abgewöhnen erschwert. Setzen Sie Ihr Kind nicht unter Druck, mit dem Lutschen aufzuhören. Sie verstärken nur den Widerstand, wenn Sie ärgerlich werden, es bedrängen oder ihm den Daumen aus dem Mund ziehen.

Bei jüngeren Kleinkindern ist es am besten, das Verhalten zu ignorieren. Geben Sie Lob und positives Feedback, wenn Ihr Kind einmal nicht am Daumen lutscht – insbesondere wenn das ansonsten der Normalfall ist. So kann Ihr Kind von alleine aus der Angewohnheit herauswachsen.

Ein älteres Kleinkind, das selbst zum Aufhören motiviert ist, können Sie mit einer unauffälligen Geste, z.B. dem Heben der Hand, auf die Angewohnheit hinweisen, ohne dass Dritte es bemerken. Auch ein Pflaster kann Ihr Kind daran erinnern. Beschäftigen Sie in Situationen, in denen das Risiko hoch ist, die Hände Ihres Kindes, oder geben Sie ihm einen Kaugummi, damit es etwas im Mund hat.

Falls das nicht ausreicht, sind in der Apotheke spezielle, bitter schmeckende Tinkturen erhältlich. Streichen Sie diese nach dem Aufwachen, vor dem Zubettgehen und jedes Mal, wenn Sie das Lutschen bemerken, auf Daumen oder Finger Ihres Kindes. Belohnen Sie Ihr Kind, wenn es ihm gelingt, auf das Lutschen zu verzichten (z.B. drei- bis viermal täglich, vor allem zu Risikozeiten).

Wachstum und Entwicklung

DEINSTALLATION VON TRÖSTERN: Schneiden Sie Schn

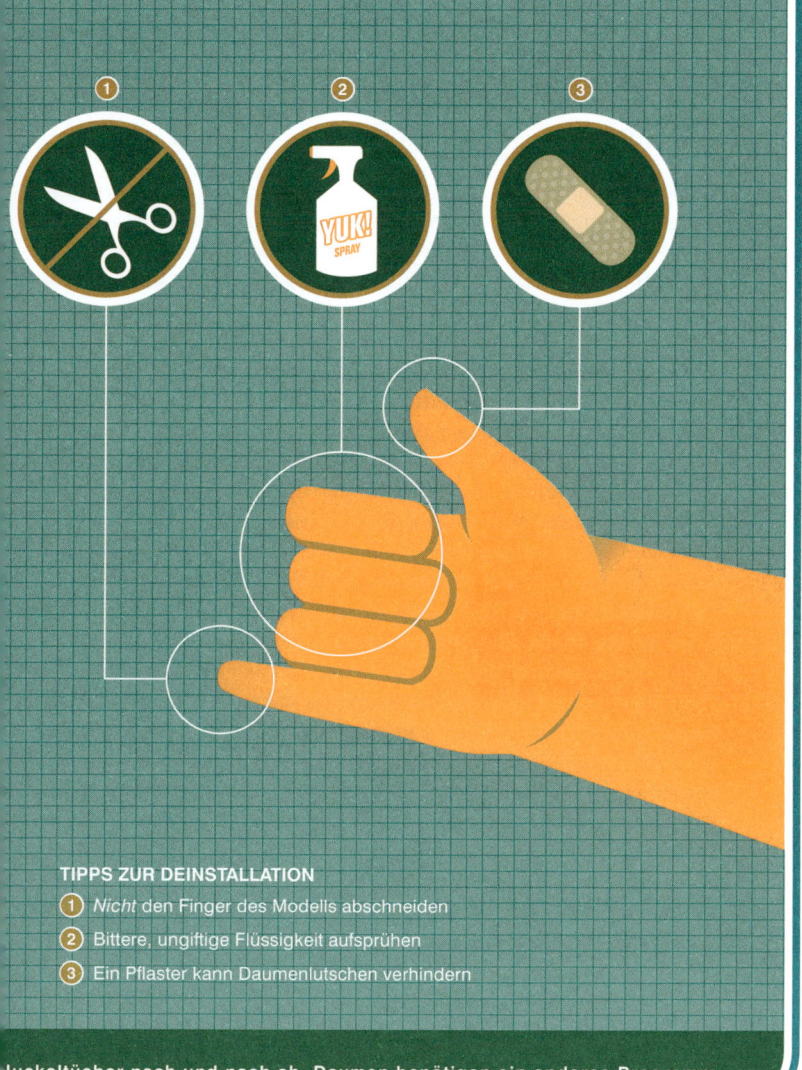

TIPPS ZUR DEINSTALLATION
1. *Nicht* den Finger des Modells abschneiden
2. Bittere, ungiftige Flüssigkeit aufsprühen
3. Ein Pflaster kann Daumenlutschen verhindern

Nuckeltücher nach und nach ab. Daumen benötigen ein anderes Programm.

Vorbereitung auf die Lieferung eines Zweitmodells

Die Ankunft eines Geschwisterkindes ist eine große Veränderung für die ganze Familie. Am Anfang sind Kleinkinder meist begeistert, ein großer Bruder oder eine große Schwester für das neue Modell zu sein, aber das kann sich schnell ändern, wenn sie feststellen, dass sie Konkurrenz um Spielzeug sowie Zeit und Aufmerksamkeit der Eltern bekommen haben.

Es gibt viele Faktoren, die die Akzeptanz Ihres Kleinkindes für das Zweitmodell beeinflussen. Dazu gehören Alter (ältere akzeptieren es meist leichter), Veranlagung (Modelle, die Schwierigkeiten mit Veränderungen haben oder generell stark reagieren, zeigen eher problematisches Verhalten), die Intensität der Beziehung zu seinen Eltern (Kinder mit einer sehr engen Bindung zur Mutter können größere Anpassungsschwierigkeiten haben), bereits bestehende Verhaltensschwierigkeiten und der emotionale Zustand der Eltern.

Typische positive Reaktionen eines Kleinkindes auf die Lieferung eines Zweitmodells sind größere Unabhängigkeit und Reife sowie verstärkte Fürsorge und Mitgefühl für andere. Zu den kurzfristigen negativen Folgeerscheinungen zählen vermehrte Wutausbrüche, Aggression, Feindseligkeit, Klammern, Trennungsangst sowie regressives Verhalten beim Schlafen und der Abfallentsorgung sowie die Forderung nach körperlichem Kontakt oder dem Fläschchen. Zum Glück klingt dieses Verhalten nach drei bis vier Monaten wieder ab. Eine schwierige Anpassung an ein neues Modell sagt zudem nichts über das spätere Verhältnis zwischen den Geschwistern aus.

Die folgenden Vorschläge helfen bei der reibungslosen Gewöhnung, wenn Ihr Kleinkind den Umgang mit dem Zweitmodell übt.

[1] Berichten Sie Ihrem Kind schon vor der Lieferung vom neuen Modell. Ein guter Zeitpunkt ist, wenn die Mutter erste sichtbare Anzeichen der

Schwangerschaft zeigt. Andere Eltern warten bis zum letzten Drittel der Schwangerschaft, damit die Zeit bis zur Zustellung kürzer ist. Erzählen Sie Ihrem Kind alles Wichtige über Geburt und Babys und bereiten Sie es über mehrere Wochen hinweg in kleinen Schritten vor.

[2] Beziehen Sie Ihr Kleinkind in die Vorbereitungen für das Zweitmodell ein. Lassen Sie es Kleidung, Babyspielzeug und Zubehör aussuchen und bei der Vorbereitung des Babyzimmers helfen.

[3] Behalten Sie Ihre Routinen so weit wie möglich bei. Größere Veränderungen wie Umzug, Beginn des Kindergartenbesuchs oder Wechsel vom Gitter- ins Kinderbett sollten Sie rechtzeitig vor der Ankunft des neuen Modells realisieren. Falls das Toilettentraining nicht schon vor der Ankunft des Geschwisterchens abgeschlossen ist, verschieben Sie es, bis sich nach der Geburt des Babys neue Abläufe etabliert haben.

[4] Beide Modellinhaber sollten sich nun intensiv an der Betreuung (Spielen, Anziehen, Füttern, Baden) des Kleinkindes beteiligen. So erlebt das Kleinkind weniger Veränderungen – und die Neuerungen in den Prozessen nach der Ankunft des Zweitmodells werden minimiert.

[5] Kümmern Sie sich rechtzeitig darum, dass Ihr Kleinkind von einem Familienmitglied oder einer anderen vertrauten Person betreut wird, wenn die Mutter im Kreißsaal ist. Sorgen Sie dafür, dass Ihr Kleinkind nach der Geburt des Geschwisterchens mit der Mutter telefonieren und sie zu kurzen Besuchen im Krankenhaus sehen kann.

[6] Bei Lieferung des Babys aus der Klinik sollte die Mutter versuchen, sich intensiv mit dem Kleinkind zu beschäftigen, während sich andere um das Zweitmodell kümmern. Kaufen Sie Ihrem Kleinkind ein kleines Geschenk, das das neue Baby mitbringt und machen Sie Fotos, auf denen beide Kinder zusammen zu sehen sind.

[7] Beziehen Sie Ihr Kind in die tägliche Routine der Babypflege ein und bitten Sie es gelegentlich, Windeln, Fläschchen u. Ä. zu holen. Kleinkinder helfen normalerweise gerne, daher sollte man sie dazu ermutigen. Übertreiben Sie aber nicht, sonst kann es sein, dass sich Ihr Kind weigert und infolgedessen auch das Baby ablehnt. Einem übereifrigen Kind, das am liebsten alles selbst machen will, können Sie vorschlagen, das Prozedere an einer Puppe durchzuführen.

[8] Planen Sie feste gemeinsame Zeiten oder besondere Aktivitäten mit Ihrem Kleinkind ein, damit es Ihre ungeteilte Aufmerksamkeit genießen

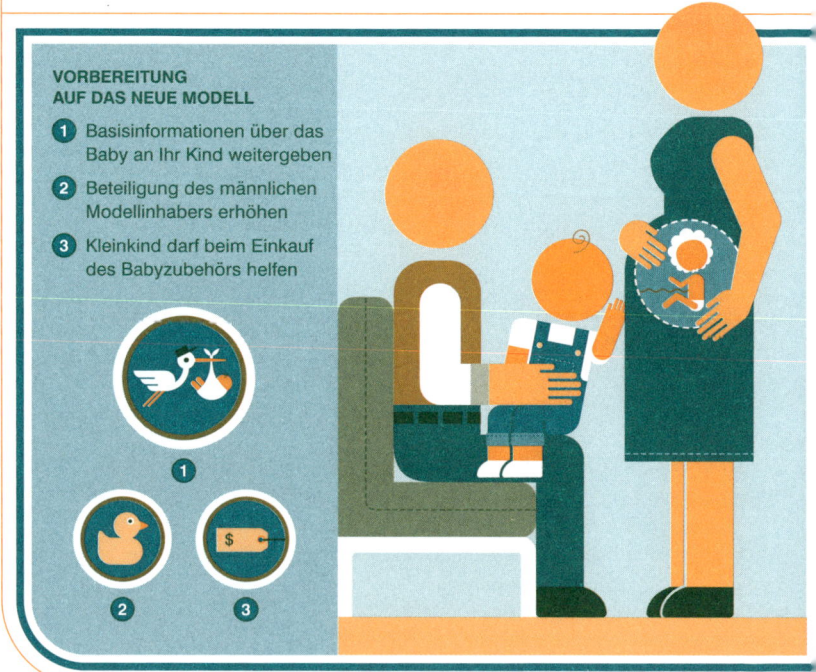

VORBEREITUNG AUF DAS NEUE MODELL

1. Basisinformationen über das Baby an Ihr Kind weitergeben
2. Beteiligung des männlichen Modellinhabers erhöhen
3. Kleinkind darf beim Einkauf des Babyzubehörs helfen

kann. Neugeborene schlafen normalerweise 16 Stunden am Tag: Nutzen Sie einen Teil dieser Zeit, um mit Ihrem älteren Kind zu spielen.

[9] Betonen Sie Ihrem Kleinkind gegenüber dessen besonderen Status als älteres Geschwisterkind und die damit einhergehenden Privilegien wie Eis am Stiel oder den Zoobesuch, anstatt regressives Verhalten (Zurückfallen im Entwicklungsstand) zu brandmarken oder zu bestrafen.

[10] Legen Sie klare Regeln für den Umgang mit dem Baby fest – etwa, dass Ihr Kind fragen muss, ehe es das Baby halten, füttern oder ihm ein Spielzeug geben darf. Erklären Sie Ihrem Kleinkind, dass das Gesicht des Babys niemals bedeckt sein darf.

[11] Loben Sie Ihr Kind, wenn es behutsam und korrekt mit dem Baby umgeht.

[12] Reagieren Sie sofort, wenn sich Ihr Kleinkind aggressiv gegenüber dem Baby verhält. Obwohl dieses Verhalten (wie ein übereifriger Versuch, das Baby zu umarmen oder zu küssen) durchaus normal und vielleicht gar nicht beabsichtigt ist, ist es wichtig, dass Sie Grenzen ziehen und sofort konsequent handeln, z.B. durch eine kurze Auszeit.

[13] Bestehen Sie weiter auf einem angemessenen Verhalten Ihres Kindes. Zeigen Sie keine Nachgiebigkeit gegen schlechtes Benehmen – trotz Ihres Verständnisses für die schwierige Übergangssituation.

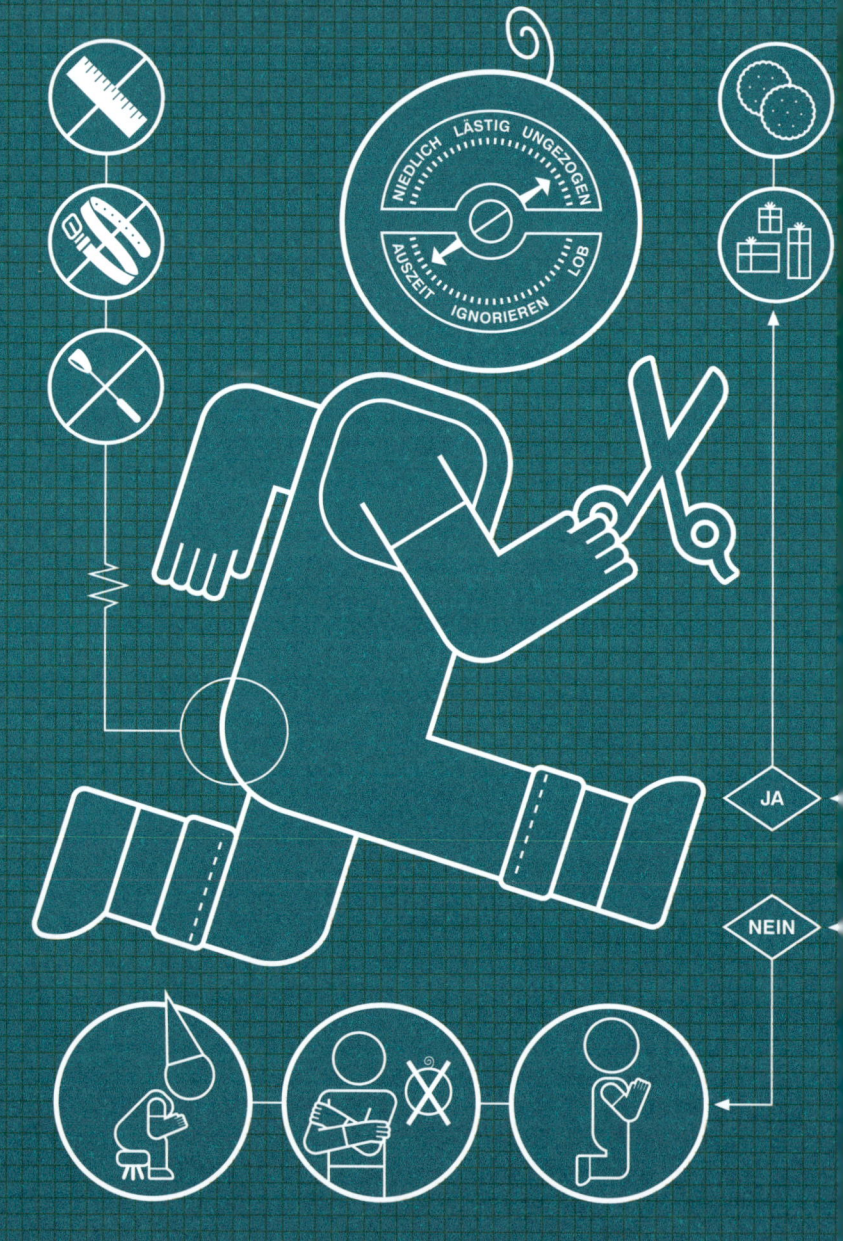

[Kapitel 7]

Erziehung

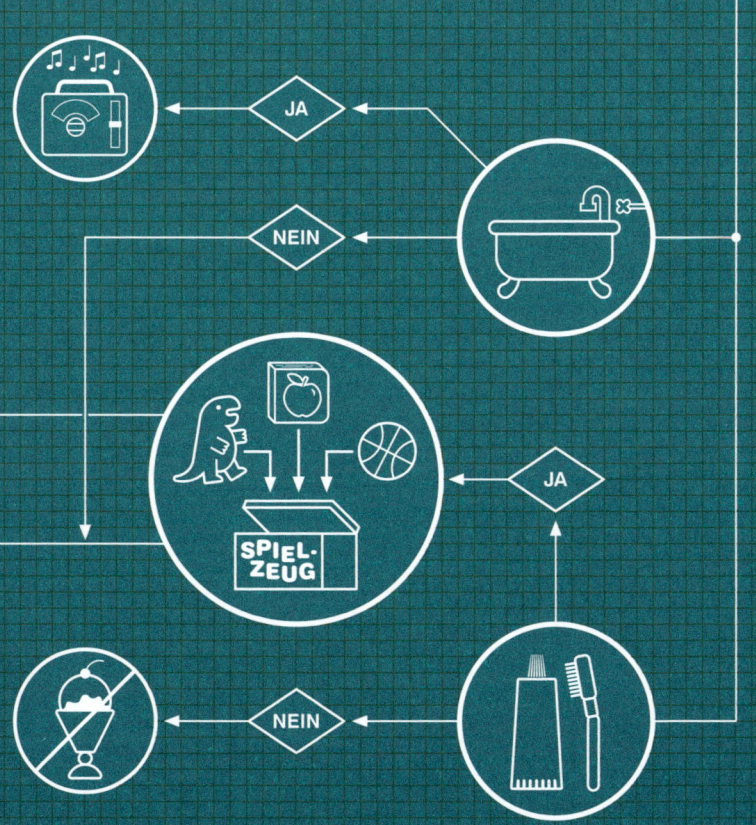

Upgrade der Verhaltensregeln

Das Wort »Erziehung« ruft bei den meisten Modellbesitzern Vorstellungen von verschiedensten Formen der Bestrafung zur Beseitigung unerwünschten Verhaltens hervor. In Wirklichkeit bezieht sich die Bezeichnung auf ein Upgrade der Verhaltensprogrammierung, das aus Lehren und Unterweisen besteht.

Weil Ihr Modell mit einem vorinstallierten starken Willen geliefert wurde, ist es wichtig, dass Sie Kämpfe konsequent, aber positiv ausfechten. Ein unbeirrtes Verhalten Ihrerseits hilft Ihrem Kind, soziale Regeln und Erwartungen einzuhalten. Positive Bestätigung erleichtert die Programmierung eines stabilen Kleinkindes, das gerne mit anderen zusammen ist. Lernt Ihr Kind, sich richtig zu verhalten, entwickelt es mehr Selbstbewusstsein und Selbstsicherheit. Dies hilft ihm beim Lernen und Knüpfen von Kontakten.

Wenden Sie die folgenden allgemeinen Strategien an, wenn Sie das Upgrade für die Programmierung des Benehmens des Kleinkindes durchführen.

- *Etablieren Sie feste Abläufe:* Teilen Sie den Tag in Vormittag, Nachmittag und Abend ein und entscheiden Sie sich dann für Aktivitäten innerhalb dieser Zeitabschnitte. Halten Sie sich an geregelte Schlaf- und Essenszeiten, damit sich die innere Uhr Ihres Kindes daran anpassen kann.
- *Legen Sie erreichbare Ziele fest, aber lassen Sie während des Tages auch Raum für weniger strukturierte Aktivitäten:* Bestehen Sie darauf, dass zunächst die komplizierten und langweiligen Aufgaben absolviert werden und lassen Sie erst danach die einfachen und vergnüglichen Routinen zu, um die Motivation Ihres Kindes hoch zu halten. Ihr Nachwuchs darf beispielsweise erst dann zum Spielen in den Garten, nachdem er seine dreckige Kleidung in den Wäschekorb geräumt hat.
- *Stellen Sie keine unrealistischen Erwartungen an Ihr Kind, wenn es krank, müde, hungrig, gelangweilt oder angespannt ist oder sich in einer ungewohnten Situation befindet.*

- **Versuchen Sie, mögliche Schwierigkeiten vorauszusehen:** Wenn Sie Ihr Zuhause kindersicher machen, gibt es viele der gefährlichen Versuchungen, für die Sie Ihr Kind ansonsten dauernd ausschimpfen, gar nicht. Vermeiden Sie Situationen, die zweifelsohne zu Schwierigkeiten führen, wie einen abendlichen Restaurantbesuch, solange Ihr Kind noch nicht in der Lage ist, während des Essens am Tisch sitzen zu bleiben.
- **Agieren Sie als Vorbild:** Handlungen haben mehr Wirkung als Worte. Ihr Kind wird mit einem voll ausgebildeten sensorischen System geliefert, das das Verhalten seiner Umwelt aufnimmt und imitiert – insbesondere das Verhalten der Eltern. Ein Primäruser kann seinem Kind noch so oft sagen, dass es sich mit seinem Geschwisterkind vertragen soll: Wenn es immer wieder erleben muss, wie seine Eltern sich streiten, wird das nicht fruchten. Zeigen Sie selbst nicht das Verhalten, das Sie verhindern wollen: Schreien Sie Ihr Kind nicht an, wenn Sie es dafür tadeln, dass es schreit. Ihr Kind ist von Ihrem Input überfordert und versteht nicht, was Sie ihm sagen wollen – stattdessen verstärken Sie auf diese Weise nur das unerwünschte Verhalten.
- **Seien Sie konsequent:** Kleinkinder müssen lernen, den Regeln und Anweisungen von Autoritätspersonen zu folgen. Es ist eine gute Strategie, Ihrem Kind Wahlmöglichkeiten zu geben, wenn es Alternativen gibt, aber manchmal braucht es einfach die Ansage eines Erwachsenen (»Zeit zum Zähneputzen!«).
- **Ziehen Sie sofort Konsequenzen:** Die Dauer der Konsequenz ist weniger wichtig als die unmittelbare Wirkung der Maßnahme für Ihr Kind. Wenn Sie die Wahl haben, ein Spielzeug für drei Wochen (wenig Wirkung, lange Dauer) oder das gesamte Spielzeug für zwei Minuten wegzuräumen, entscheiden Sie sich für die zweite Option. Entsprechend lernt Ihr Kind schneller aus zehn Auszeiten von einer Minute als aus einer Auszeit von zehn Minuten.
- **Bleiben Sie gelassen:** Ihr Kind lernt mehr durch eine disziplinarische Maßnahme, wenn Sie selbst ruhig bleiben. Kleinkinder blühen bei Aufregung regelrecht auf. Können sie durch schlechtes Benehmen für Trubel sorgen, tun sie es. Zeigen Sie positive Emotionen, wenn sich Ihr Kind gut benimmt. Benimmt es sich dagegen daneben, sagen Sie nichts und gehen weg. Ausnahme: wenn Ihr Kind in Gefahr ist.

Konkrete Strategien zur Installierung von Regeln

Bei allen Modellen ist es in einem gewissen Umfang notwendig, die Prozessfehler in ihrem System zu beheben. Die folgenden Methoden sind oft und lange erprobt und haben in Kombination bewiesen, dass sie funktionieren.

Egal, für welche Reaktionen Sie sich auch entscheiden: Damit eine klare Botschaft bei Ihrem Kind ankommt, ist es wichtig, konsequent zu sein. Besprechen Sie mit dem zweiten Modellbesitzer, welches konkrete Problem Sie mit welchen Methoden angehen wollen, ehe Sie ein Disziplinarprogramm starten.

Ihr Kind lernt schneller, wenn die Konsequenzen unmittelbar auf sein Fehlverhalten folgen und dieses eine Situation zur Folge hat, die von der Normalität abweicht. Aber auch wenn unmittelbare Konsequenzen einen Unterschied machen, lernen die meisten Kleinkinder richtiges Verhalten nur durch zahlreiche Wiederholungen.

EXPERTENTIPP: Verbale Begründungen, Warnungen und langwierige Erklärungen von Ursache und Wirkung oder zukünftigen Konsequenzen sind für Kleinkinder zu abstrakt. Selbst Kleinkinder, die die Regeln wiedergeben können, zeigen oft nicht das entsprechende Verhalten. Es ist für Kleinkinder wichtig, dass ihre Eltern klar handeln. Nach vielen Wiederholungen, in denen mündliche Aussagen mit stets gleichbleibenden Handlungen verknüpft sind, wird Ihr Kind schließlich auf Ihre Ansagen reagieren.

Differenzierte Aufmerksamkeit

Unterschiedlich starke Aufmerksamkeit ist eine gezielte, sehr effiziente Strategie, in der Sie ein Verhalten, mit dem Sie nicht einverstanden sind, ignorieren und andererseits dem Verhalten, das Sie fördern wollen, positive Beachtung schenken. Mit viel Übung können Eltern im schnellen Wechsel zwischen Aufmerksamkeit und Abwenden sehr geschickt werden. Wenden Sie die folgende Technik an, um differenzierte Aufmerksamkeit zu üben:

[1] Beobachten Sie Ihr Kind aufmerksam. Wenn es ein Verhalten zeigt, das Sie verstärken wollen (z.B. ruhiges Spielen, Stillsitzen), gehen Sie zu Ihrem Kind, beschreiben Sie, was es getan hat, und loben Sie es dafür. Imitieren Sie, was es richtig gemacht hat, und lassen Sie sich nicht davon abschrecken, dass das kindisch oder lächerlich wirken könnte. Zeigen Sie Ihrem Kind Ihre Zuneigung, Freude und Begeisterung.

[2] Identifizieren Sie störendes Benehmen, das Sie abstellen wollen. Verhält sich Ihr Kind entsprechend, gehen Sie sofort von aktiver Aufmerksamkeit zu aktivem Ignorieren (Abb. A) über. Sehen Sie zur Seite, hören Sie auf zu sprechen oder verlassen Sie den Raum. Reagieren Sie weder mit positiver noch negativer Aufmerksamkeit.

EXPERTENTIPP: Anfangs kann es passieren, dass Ihr Kind glaubt, dass sein störendes Benehmen nicht schnell, stark oder extrem genug war und sein Verhalten noch heftiger ausfällt. Diese Bemühungen zeigen, dass Ihr Kind bemerkt hat, dass Sie anders reagieren – Ihre Strategie greift.

[3] Nachdem sich Ihr Kind vergeblich mit Nachdruck um Ihre Aufmerksamkeit bemüht hat, wird es sich eine neue Taktik überlegen. Falls auch das neue Verhalten auf Störung abzielt, ignorieren Sie Ihr Kind weiter. Schließlich wird es seine Strategie ändern und sich richtig benehmen, damit es Ihre Aufmerksamkeit zurückgewinnt. Tritt diese Verhaltensänderung ein, widmen Sie ihm sofort Ihre volle Aufmerksamkeit.

[4] Wiederholen Sie den gesamten Prozess so oft wie nötig.

Verbale Verwarnung

Formulieren Sie mündliche Verwarnungen in einer einfachen »Wenn, dann«-Aussage, die Ihrem Kind die Konsequenzen aufzeigt, wenn es sein Verhalten nicht selbst korrigiert, z.B.: »Wenn du noch einmal brüllst, gehst du in dein Zimmer.« Schreit Ihr Kind erneut, müssen Sie tun, was Sie angekündigt haben. Drohen Sie keine Konsequenzen an, die Sie nicht ziehen wollen. Brüllt Ihr Kind nicht mehr, geben Sie sofort verbales Feedback (»Danke, dass du nun leiser sprichst, so ist es viel besser«) oder körperliche Bestätigung.

Positive Formulierung von Aufforderungen

Vermeiden Sie dauerndes »nein«, »lass das« oder »hör auf«. Fordern Sie von Ihrem Kind stattdessen positives Verhalten und sagen Sie ihm, was Sie von ihm erwarten. Damit reduzieren Sie negative Dialoge, und Sie verstärken positives Verhalten, das Sie belohnen können, wenn Ihr Kind sich daran hält.

Kleinkinder folgen eher Anweisungen, die positiv formuliert sind (z.B. »Sprich bitte leise« statt »Hör auf zu schreien«). Hier sind weitere Beispiele, wie Sie einfache Anweisungen bei störendem Verhalten positiv formulieren können:

SAGEN SIE NICHT	SAGEN SIE STATTDESSEN
»Du sollst im Flur nicht rennen!«	»Bitte geh langsam!«
»Hör auf, mit deinem Strohhalm zu blubbern.«	»Bitte nimm den Strohhalm nur zum Trinken.«
»Das Bett ist kein Trampolin.«	»Bitte geh vom Bett runter.«
»Du sollst nicht wegrennen.«	»Bitte bleib dicht bei mir.«

»Korrigieren« oder »Reparieren«

Diese Strategie ist ein Ableger der Aufforderung zu positivem Verhalten. Sie geht jedoch noch einen Schritt weiter, weil sie vom Kleinkind fordert, sein Verhalten zu korrigieren (»erneut versuchen«) oder den Schaden, der durch sein Fehlverhalten entstanden ist, wiedergutzumachen (»reparieren«). Typische Aufforderungen dieses Typs sind »Bitte räum dein Durcheinander auf« oder »Entschuldige dich bitte«.

Diese Strategie hilft insbesondere dann, wenn Ihr Kind Ihre ursprüngliche Aufforderung nachlässig oder übereilt ausgeführt hat (»Komm bitte zurück und mach es ordentlicher«) oder ein wenig entgegenkommendes Verhalten zeigt (»Bitte mach es noch einmal, aber diesmal ruhiger, freundlicher«). Die Anweisung «Mach es noch einmal« übermittelt Ihrem Kind die einfache Botschaft: »Wenn du es beim ersten Mal richtig machst, musst du es nicht noch einmal tun.«

Wegnehmen eines beanstandeten Gegenstands

Das ist die vermutlich einfachste und dennoch am seltensten angewendete erzieherische Strategie. Wenn Ihr Kind Spielzeug unsachgemäß benutzt und Sie ein stärkeres Feedback geben wollen als durch differenzierte Aufmerksamkeit, nehmen Sie das Spielzeug an sich. In Verbindung mit einer mündlichen Verwarnung wird Ihr Feedback noch effektiver.

Blubbert Ihr Kind z.B. mit einem Strohhalm in der Milch, sagen Sie zunächst: »Bitte nimm den Strohhalm nur zum Trinken.« Blubbert es weiter, nehmen Sie ihm den Strohhalm weg. Quengeln, Schreien oder Heulen kann die Folge sein. Bleiben Sie ruhig und ignorieren Sie den Wutanfall. Hat sich Ihr Kind von selbst beruhigt und beginnt wieder ruhig zu essen, geben Sie ihm den Strohhalm zurück und wiederholen: »Bitte nimm den Strohhalm nur zum Trinken.« Befolgt Ihr Kind die Regel nun, loben Sie es, nehmen Sie es in den Arm oder streichen Sie ihm über den Kopf. Ignoriert es Ihre Anweisungen, beginnen Sie von vorne.

Auszeit

»Auszeit – Time-out« ist eine abgekürzte Bezeichnung für »Auszeit von positiver Bestärkung«.

Um Ihrem Kind eine Auszeit von positiver Bestärkung verordnen zu können, müssen Sie zuvor positive Bestärkung etabliert haben. Die Situation jenseits der Auszeit wird als »Time-in« bezeichnet. Der Gegensatz zwischen »Time-in« und »Time-out« ist der kritische Faktor, damit diese Strategie funktioniert. Auszeiten haben den größten Effekt, wenn Ihr Kind Spaß hat – wenn es z.B. mit neuem Spielzeug oder neuen Freunden im Garten spielt. In anderen Situationen – beim Vorlesen oder wenn das Kind abends allein im verdunkelten Kinderzimmer bleiben soll – kann die Wirkung dieser Methode geringer sein.

»Time-out« ist die am besten dokumentierte Technik zur Verhaltensänderung, die derzeit angewandt wird. Modellinhaber berichten, dass sie deutlich besser wirkt als argumentieren, schimpfen, verwarnen oder schreien. Auszeiten als Methode zu implementieren, kann für Eltern manchmal schwierig sein. Manche Kleinkinder können sie als Konsequenz nur schwer akzeptieren. Die folgenden Techniken helfen Ihnen bei der Implementierung, doch wenn Ihr Kind auch noch nach mehreren Wochen keine Reaktion auf Auszeiten zeigt, hilft es Ihnen möglicherweise, mit Ihrem Service-Provider zu sprechen.

[1] Schaffen Sie eine fröhliche, lustige und stimulierende »Time-in«-Umgebung. Arbeiten Sie zur Steuerung des Verhaltens mit der differenzierten Aufmerksamkeit der Modellinhaber.

[2] Reagieren Sie auf Fehlverhalten nicht mit Schreien, Schimpfen oder offenem Ärger. Beschreiben Sie den Regelverstoß kurz und gelassen und ziehen Sie die Konsequenz (z.B. »Kein Hauen, Auszeit«).

[3] Nehmen Sie Ihr Kind sofort aus der positiv besetzten Situation und bringen Sie es für die Auszeit an einen sicheren, aber langweiligen Ort, z.B. zu einem Stuhl. Eventuell geht es freiwillig mit, vielleicht müssen Sie es

KREATIVER FEHLER

FEHLFUNKTION BEIM ESSEN

GEFÄHRLICHER UNGEHORSAM

AUSZEIT: Diese hocheffektive Problemlösung zieht bei einer Störung

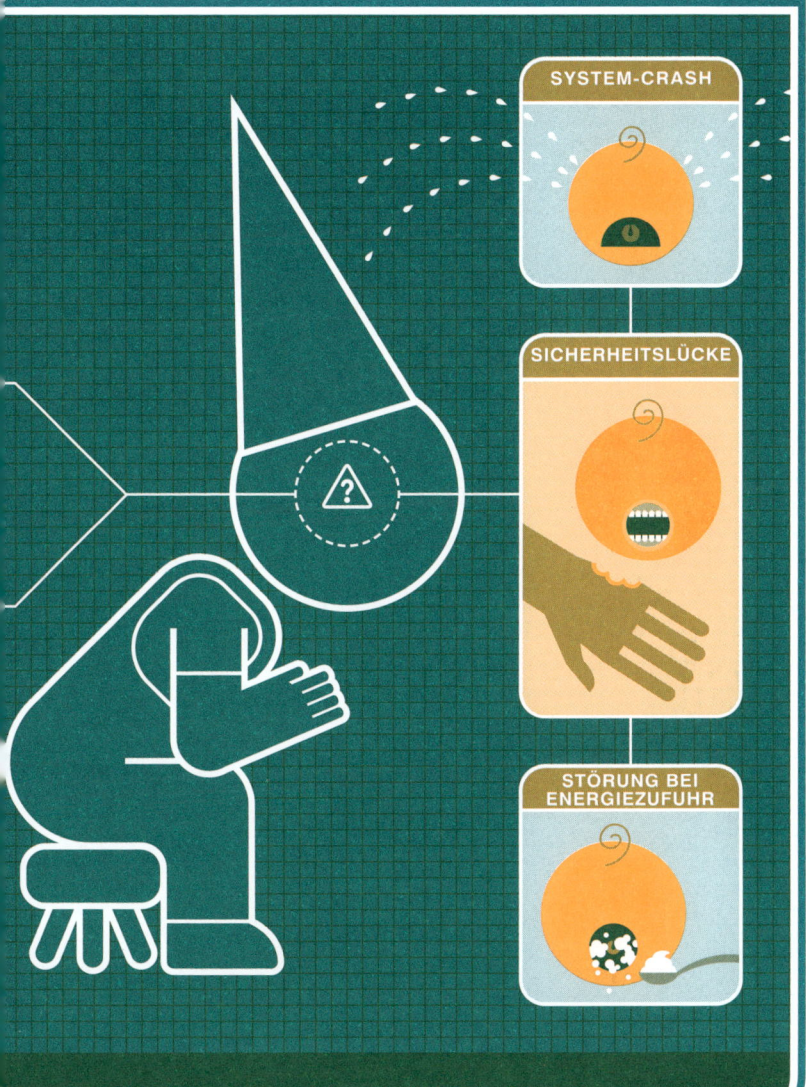

auch tragen. Es sollte ein Ort ohne Ablenkung, z.B. durch Fernseher, Radio oder Spielzeug, sein. Jüngere Kinder, die noch nicht sitzen können oder nicht sitzen bleiben, können Sie für die Auszeit in einen Laufstall oder ein Gitterbett ohne Spielzeug setzen.

[4] Sprechen Sie während der Auszeit nicht mit Ihrem Kind, beachten Sie es nicht und interagieren Sie nicht. Die Auszeit sollte so wenig Anregung wie möglich bieten.

EXPERTENTIPP: Die ersten Auszeiten sollten sehr kurz sein – das erhöht die Wahrscheinlichkeit des Erfolgs der Maßnahme. Steigern Sie die Auszeiten langsam bis circa eine Minute pro Lebensalter.

[5] Nach Ablauf der Auszeit muss Ihr Kind für drei Sekunden ruhig sein, ehe Sie es wieder zu sich holen.

[6] Hat sich Ihr Kind geweigert, einer Ihrer Anweisungen zu folgen und deshalb eine Auszeit verordnet bekommen, wiederholen Sie nun die Anweisung. Sagen Sie, z.B. wenn Sie auf den Stuhl zugehen: »O.k., du hast dich beruhigt. Du kannst mitkommen. Und nun räum bitte deine Bauklötze weg.«

[7] Bringen Sie Ihr Kind wieder in die »Time-in«-Situation.

Fehlerbehebung: Kombinieren von bestimmten Erziehungsmethoden mit bestimmtem Fehlverhalten

Wenn Sie überlegen, ein bestimmtes Fehlverhalten mit einer geeigneten erzieherischen Taktik anzugehen, fragen Sie sich zunächst, ob das Verhalten Ihres Kindes gefährlich oder destruktiv ist, ob es Ihrem Kind, einer anderen Person oder einem Lebewesen schadet, Verletzungsgefahr besteht oder ein Ihnen wichtiger Gegenstand zu Schaden kommen könnte.

Beantworten Sie die Frage mit Ja, fällt das Verhalten in Kategorie A – Sie müssen sofort aktiv werden.

Ist Ihre Antwort »nein«, fällt das Verhalten in Kategorie B. Sie haben mehrere Erziehungsalternativen zur Wahl, die weniger nachdrücklich sein müssen. Diese Methoden sind sanfter und mit weniger Machtkämpfen verbunden, sie brauchen aber länger, bis sie wirken.

⚠ *ACHTUNG: Hat Ihr Kind noch nicht gelernt, Konsequenzen zu akzeptieren und sich selbst zu beruhigen, kann sein Verhalten von Kategorie B zu Kategorie A eskalieren und eventuell gefährlich oder destruktiv werden.*

Maßnahmen für Verhalten der Kategorie A

Verhalten:
BEISSEN EINES ANDEREN KINDES

Beste Maßnahme: Reagieren Sie sofort und bleiben Sie ruhig. Verhängen Sie eine Auszeit. Platzieren Sie Ihr Kind so, dass es Sie beobachten kann, wie Sie die Wunde versorgen: Waschen Sie die Wunde aus, legen Sie einen Kühlbeutel oder ein kaltes Tuch auf, kleben Sie ein Pflaster auf und kümmern Sie sich liebevoll um das gebissene Kind. Nach dem Ende der Auszeit sollte sich der »Übeltäter« entschuldigen.

Überlegen Sie, wenn sich die Situation wieder beruhigt hat, aus welchem Grund Ihr Kind gebissen haben könnte, um derartige Vorfälle zukünftig zu vermeiden. Kleinkinder beißen meist, weil sie müde, hungrig, eifersüchtig oder frustriert sind, weil sie Aufmerksamkeit brauchen oder keinen anderen Weg kennen, um ihre negativen Gefühle zu formulieren.

EXPERTENTIPP: Beißen beginnt oft ganz harmlos, wenn ein Kleinkind die Schulter eines Modellinhabers mit seinem Mund oder seinen Zähnen erforscht. Wenn Sie sofort lautstark mit einem »Aua« reagieren, macht dies das Beißen zu einem faszinierenden Verhalten. Mit der Zeit kann Beißen zu einem effektiven Mittel werden, um andere Kinder vom eigenen Spielzeug oder der Spielfläche fernzuhalten. Kleinkinder lernen –

oft auch, indem sie selbst gebissen werden –, dass Beißen das Verhalten anderer Kinder schnell und effektiv beeinflusst.

Verhalten:
SCHLAGEN, TRETEN, SCHUBSEN, ZWICKEN ODER SPIELZEUG WERFEN

Beste Maßnahme: Sofortige Auszeit. Sagen Sie: »Kein Hauen, Auszeit«. Sofort nach der Auszeit muss sich Ihr Kind bei der Person entschuldigen, die es geschlagen, getreten, geschubst oder gezwickt hat. Verhält es sich auch weiterhin aggressiv, verhängen Sie eine erneute Auszeit.

Verhalten:
ESSEN WERFEN

Beste Maßnahme: Sofortige Auszeit. Ziehen Sie den Stuhl vom Tisch weg oder drehen Sie ihn um, so dass Ihr Kind mit dem Rücken zum Tisch sitzt. Hat sich Ihr Kind beruhigt, fordern Sie es auf, das Essen aufzuheben und wieder an den Tisch zu kommen.

Wirft Ihr Kind erneut mit Essen, nehmen Sie den Teller vom Tisch und beenden die Mahlzeit. Halten Sie die nächste Zwischenmahlzeit klein. Mehr Informationen siehe Kapitel 3 – Füttern.

Maßnahmen für Verhalten der Kategorie B

Verhalten:
WUTANFÄLLE

Beste Maßnahme: Differenzierte Aufmerksamkeit. Ignorieren Sie gelassen das Verhalten Ihres Kindes, aber widmen Sie ihm sofort wieder volle Aufmerksamkeit, wenn es sich beruhigt hat. Verhängen Sie prompt eine Auszeit, falls das Benehmen eskaliert und aggressiv oder destruktiv wird (Schlagen, Werfen, Mit-dem-Kopf-Schlagen).

Bleiben Sie bei einem Wutanfall konsequent. Wenn Sie nachgeben, wird das Verhalten die Oberhand gewinnen, weil Ihr Kind gelernt hat, dass es ein effektiver Weg ist zu bekommen, was es möchte.

Prävention: Wutanfälle sind ein vorinstallierter Programmfehler aller Kleinkindmodelle, die normalerweise im Alter von 15 Monaten bis drei Jahren auftreten. Wutanfälle sind die Folge eines Overloads durch die Programm-Upgrades, die das Kind in diesem Alter durchläuft. Beobachten Sie die Auslöser für diese Wutanfälle – meist treten die Anfälle auf, wenn das Kleinkind müde, gelangweilt, ungeduldig, frustriert, hungrig oder überfordert ist.

EXPERTENTIPP: Die Kleinkindzeit bringt viele Machtkämpfe mit sich. Entscheiden Sie nach langfristigen Kriterien, auf welche Sie sich einlassen wollen. Lassen Sie Wahlmöglichkeiten, wo es möglich ist, und sagen Sie nicht zu allem automatisch »Nein!«. Falls Ihr Kind den vierten Tag in Folge sein Lieblingsshirt anziehen will, fragen Sie sich, ob es den

Kampf wert ist, das Shirt zu wechseln. Falls Sie »Nein!« sagen, dann aber Ihre Meinung ändern, sollten Sie frühzeitig nachgeben – und nicht erst wenn sich Ihr Kind in sein schlechtes Benehmen hineingesteigert hat. Geben Sie nie zu spät nach oder weil Sie ein Ende des absolut unangemessenen Verhaltens haben wollen.

Verhalten:
QUENGELN

Beste Maßnahme: Differenzierte Aufmerksamkeit. Ignorieren Sie Ihr Kind, wenn es quengelt, und widmen Sie ihm volle Aufmerksamkeit, wenn sich der Ton ändert. Sie können auch gelassen mit ruhiger Stimme vorsprechen: Z.B. »Gib mir bitte die Milch« und Ihr Kind auffordern: »Sprich mit mir wie ein großes Mädchen, wenn du etwas möchtest.« Behalten Sie das Gewünschte so lange bei sich.

Beobachten Sie die Auslöser (ist Ihr Kind müde oder gelangweilt?) und entscheiden Sie, welche Fähigkeiten Ihr Kind erlernen soll. Quengelt Ihr Kind, weil es etwas nicht bekommt, siehe Korrekte Reaktion auf »Nein!« (S. 171) und Wutanfälle (S. 169).

Prävention: Stellen Sie sicher, dass die Basisbedürfnisse Ihres Kindes befriedigt sind – dass es gut versorgt ist und genügend Aufmerksamkeit von Ihnen bekommt. Reagieren Sie schnell auf berechtigte Wünsche (auch wenn Sie nur Augenkontakt aufnehmen und Ihrem Kind signalisieren, dass es noch einen Moment warten muss). Lehnen Sie eine vernünftige Bitte nicht ab.

Installieren fortgeschrittener Verhaltensfunktionen

Strafen lehren kein Kleinkind die Kompetenzen, die es benötigt, um sich in der Welt zurechtfinden zu können. Zu effektiven Erziehungsmaßnahmen gehört das Einüben eines angemessenen Verhaltens und das Können, die vorinstallierten Störungen in der Programmierung zu überschreiben. Unten finden Sie Strategien, um wichtige Fähigkeiten hochzuladen, die Ihr Kind auf seinem Weg in Kindergarten und Schule benötigt. Seien Sie nicht frustriert, wenn die Programmfunktionen nicht sofort greifen – die Installation braucht Zeit und Geduld. Bleiben Sie gelassen und hartnäckig – mit der Zeit werden Sie Fortschritte erkennen.

Installieren der korrekten Reaktion auf »Nein!«

Worte ohne nachfolgende Handlung haben für Kleinkinder keine Bedeutung. Sie müssen Ihrem Kind zeigen, was »Nein!« bedeutet und immer und immer wieder beweisen, dass Sie auch wirklich »Nein!« meinen.

[1] Gerät Ihr Kind in eine ungefährliche Situation, sagen Sie beim ersten Mal ruhig »Nein!«. Mindern Sie die Wirkung nicht mit langen Erklärungen. Sagen Sie einfach »Nein!«.

[2] Macht es weiter, heben Sie die Stimme zu einem scharfen akustischen Verweis.

[3] Hört es immer noch nicht auf, will Ihr Kind, dass Sie beweisen, dass Sie es ernst meinen. Nehmen Sie Ihr Kind physisch aus der Situation, oder entfernen Sie den verbotenen Gegenstand aus seiner Reichweite.

[4] Belohnen Sie in den frühen Lernphasen jede richtige Reaktion auf ein »Nein!« mit Lob und Zuneigung.

EXPERTENTIPP: *Wenn Sie zu oft »Nein!« sagen, verliert das Wort an Bedeutung. Machen Sie Ihr Zuhause kindersicher – damit schränken Sie die Häufigkeit, mit der Sie »Nein!« sagen müssen, schon im Voraus ein. Formulieren Sie Ihre Aufforderungen nach kleineren Regelverstößen positiv (z.B. »Setz dich bitte auf die Couch«), nicht negativ (z.B. »Hüpf nicht auf der Couch«).*

»Bitte« und »Danke« sagen

Übung und das regelmäßige Vorbild der Modellbesitzer sind notwendig, bis diese Routine von selbst abläuft.

[1] Halten Sie den gewünschten Gegenstand in der Hand und zeigen Sie Ihrem Kind, wie es seinen Wunsch korrekt formuliert: »Bitte«. Sprechen Sie das Wort Ihrem Kind mehrfach vor, bis es Sie nachahmt.

[2] Halten Sie Ihrem Kind den Gegenstand dann sofort hin, aber behalten Sie ihn noch in der Hand, bis Ihr Kind »Danke« sagt. Wahrscheinlich müssen Sie Ihr Kind beim Antworten mit »Wie sagt man?« oder »Danke sagen nicht vergessen!« unterstützen.

[3] Weigert sich Ihr Kind schlichtweg, »Bitte« oder »Danke« zu sagen, brechen Sie den Vorgang ab. Ignorieren Sie den nachfolgenden Wutanfall.

Warten

Wenn Ihr Kind zu warten lernt, hilft ihm das, seinen vorinstallierten Wunsch nach sofortiger Belohnung neu zu programmieren.

[**1**] Bitten Sie Ihr Kind, sich an den Tisch zu setzen und legen Sie eine Kleinigkeit (Spielzeug oder Snack) mit niedriger bis mittlerer Anziehungskraft vor Ihr Kind.

[**2**] Stellen Sie den Küchenwecker auf ein paar Sekunden und helfen Sie Ihrem Kind, seine Hände auf dem Schoß zu halten. Läutet die Uhr oder geben Sie die Erlaubnis, darf es sich die Kleinigkeit nehmen. Loben Sie Ihr Kind sofort.

[**3**] Üben Sie nach und nach mithilfe von Dingen, die Ihrem Kind wichtiger sind. Verlängern Sie die Wartezeit und reduzieren Sie zugleich Ihre Hilfestellung und Präsenz.

[**4**] Quengelt Ihr Kind oder versucht es wiederholt, sich den Gegenstand zu nehmen, brechen Sie nach mehreren Anläufen ab. Bringen Sie das Objekt außer Reichweite und versuchen Sie es zu einem späteren Zeitpunkt noch einmal.

Sich abwechseln

Zu lernen, dass man sich abwechselt, ist wichtig, wenn bei mehr als einem Kind die Ressourcen (z.B. Spielzeug in der Kindertagesstätte) begrenzt sind.

⚠ *ACHTUNG: Versuchen Sie, diese Fähigkeit nicht mit dem Lieblingsspielzeug Ihres Kindes zu trainieren.*

[**1**] Beginnen Sie mit einer einfachen Aufgabe, bei der Ihr Kind beteiligt ist, z.B. einen Ball zu werfen oder zu rollen. Geben Sie immer eine Erklärung:

»Du bist an der Reihe« bzw. »Jetzt ich«, wenn Sie selbst den Ball werfen oder fangen.

[2] Suchen Sie als Nächstes eine Aufgabe, bei der Ihr Kind eine kurze Zeit warten muss, z.B. beim Aufeinanderstapeln von Bauklötzen. Beschreiben Sie auch hier, wann wer an der Reihe ist.

[3] Wählen Sie nach und nach Spiele und Aktivitäten, bei denen Ihr Kind länger zusehen muss, während andere an der Reihe sind.

[4] Stellen Sie den Küchenwecker auf ein paar Minuten, damit die Kinder lernen, abwechselnd mit dem begehrtesten Spielzeug zu spielen.

EXPERTENTIPP: Es ist völlig normal, dass Kleinkinder bis zum Alter von zwei Jahren alleine spielen, selbst wenn sie direkt neben einem anderen Kind sitzen. Experten nennen das »paralleles Spielen«. Etwa 30 Monate nach der Lieferung wird Ihr Modell beginnen, interaktiv mit anderen Kindern zu spielen.

Teilen

Die vollständige Integration dieses Features ist schwierig, weil alle Modelle so vorprogrammiert sind, dass sie sich nur um ihre eigenen Bedürfnisse kümmern. Aber wenn Sie nach und nach damit beginnen, selbst ein Vorbild sind und jedes Verhalten loben, das einem Teilen ähnlich ist, kann diese anspruchsvolle Fähigkeit im Alter von drei bis vier Jahren gemeistert werden.

[1] Machen Sie Ihr Kind auf die Handlung des Teilens aufmerksam, indem Sie darüber sprechen. Loben Sie Ihr Kind dafür, dass es »teilt«, wenn es ein Spielzeug oder einen Gegenstand, den es nicht länger will oder braucht, freiwillig hergibt.

[2] Teilen Sie selbst und sprechen Sie darüber: »Der Joghurt ist lecker, ich teile ihn gerne mit dir.«

[3] Erwarten Sie nicht von Ihrem Kind, dass es alle Spielzeuge teilt. Erlauben Sie ihm, fünf »besondere« Spielzeuge zu bestimmen, die ihm zustehen und die es nicht mit Geschwistern und Freunden teilen muss. Alle anderen Spielzeuge sollten aber zur allgemeinen Verwendung gedacht sein.

Sich selbst beruhigen

Im Vergleich zu einem Kind, das jammert, quengelt und heult, bis die Eltern intervenieren und ihm geben, was es will, wird ein Kind, das sich selbst beruhigen kann, voraussichtlich bessere Leistungen in der Schule bringen, ein guter Verlierer sein und leichter Freunde finden – und behalten. Folgen Sie bei der Installation dieser wichtigen Technik der folgenden Strategie:

[1] Bleiben Sie ruhig und behalten Sie die Kontrolle. Argumentieren und schreien Sie nicht, sonst ahmt Ihr Kind Ihr Verhalten nach.

[2] Sie sollten Ihr Kind bei einem Wutanfall weder in den Arm nehmen noch anderweitig beruhigen oder beschwichtigen. Selbst wenn Sie versucht sind, den Ärger sofort zu beenden, führt dies langfristig nur zu neuen Wutausbrüchen und blockiert die Entwicklung der Selbstkontrolle Ihres Kindes. Denken Sie daran, dass der Wutanfall umso schneller vorbei ist, je intensiver Ihr Kind reagiert, weil es körperlich nicht in der Lage ist, diese starke Reaktion lange aufrechtzuerhalten.

EXPERTENTIPP: Spenden Sie Ihrem Kind viel Trost und Bestätigung, wenn es von einer Situation überfordert, verstört, stark verängstigt, krank oder verletzt ist. Praktizieren Sie selektives Ignorieren, damit Ihr Kind lernt,

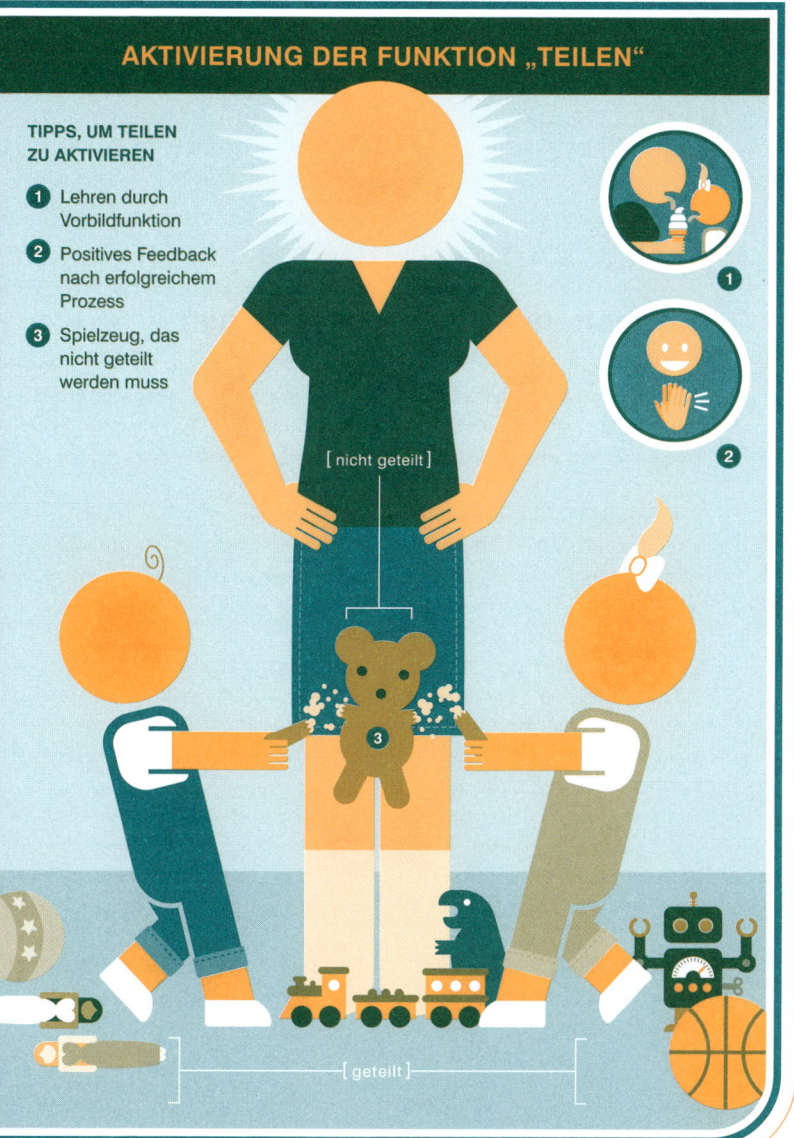

über seinen Wutanfall hinwegzukommen, wenn es nur wütend ist, weil es seinen Willen nicht bekommen hat.

[3] Sprechen und interagieren Sie sofort wieder positiv mit Ihrem Kind, wenn es sich beruhigt hat.

Einfachen Anweisungen folgen

Im Umgang mit Ihrem Kleinkind ist es hilfreich, wenn es lernt, einfachen Aufforderungen zu folgen. So ist es in der Lage, anspruchsvollere Fähigkeiten wie selbstständige Abfallbeseitigung, Essen oder Anziehen zu lernen und in der Öffentlichkeit Regeln einzuhalten.

[1] Beginnen Sie mit sehr einfachen Aufforderungen, bei denen Sie sicher sind, dass Ihr Kind sie versteht und in der Lage ist, sie zu befolgen, z.B. »komm her«, »steh auf«, »setz dich«, »nimm«, »gib mir« und »mach die Tür auf«.

[2] Halten Sie Augenkontakt mit Ihrem Kind, sagen Sie seinen Namen und geben Sie ihm die Anweisung klar und deutlich, aber nur ein einziges Mal, z.B. »Jonas, bitte komm her«. Machen Sie eine entsprechende Handbewegung, wenn Sie glauben, dass Ihr Kind die Worte nicht verstanden hat.

[3] Loben Sie Ihr Kind, wenn es Ihre Bitte erfüllt: »Gut gemacht! Du bist zu mir gekommen, als ich dich gerufen habe.« Geben Sie positives Feedback – ein Lächeln und eine Umarmung oder ein Streicheln über den Kopf.

EXPERTENTIPP: Geben Sie Lob, Zustimmung und Zuneigung nur, wenn Ihr Kind Ihre Aufforderung befolgt, ohne dass Sie es mit der Hand führen mussten.

[4] Folgt Ihr Kind Ihren Anweisungen nicht innerhalb von fünf Sekunden (sondern ignoriert Sie, trödelt, stellt Fragen oder findet Ausflüchte) oder tut etwas anderes, als Sie gefordert haben, führen Sie es an der Hand durch die gewünschte Aufgabe. Wollen Sie z.B. dass es sich hinsetzt, nehmen Sie es bei der Hand, gehen Sie mit ihm zum Stuhl und helfen Sie ihm auf den Sitz. Nehmen Sie nur so viel Körperkontakt auf, wie es für die Aufgabe erforderlich ist, und reduzieren Sie nach und nach Ihre Hilfestellung, damit es lernt, Ihrer Aufforderung von alleine nachzukommen.

[5] Geben Sie keine weiteren Anweisungen, bis die erste erfüllt ist.

[6] Beginnt Ihr Kind zu weinen oder bekommt es einen Wutanfall, können Sie sein Verhalten entweder ignorieren oder eine kurze Auszeit anordnen. Wiederholen Sie die Aufforderung, sobald sich Ihr Kind beruhigt hat.

[Kapitel 8]

Sicherheitshinweise und Notfallversorgung

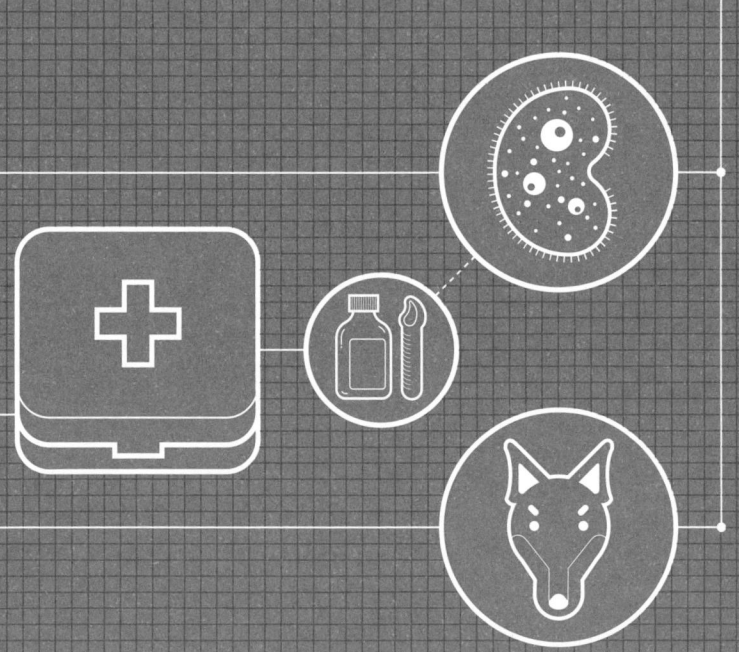

Sichere Umgebung für Kleinkinder

Erreicht Ihr Nachwuchs das Kleinkindalter, erlangt es einen neuen Grad an Bewegungsfreiheit und Neugier. Sie müssen die Sicherheitsmaßnahmen regelmäßig entsprechend anpassen.

Generelle Sicherheitsstrategien

Viele Kleinkinder beginnen nun, die Umgebung oberhalb ihres Kopfs zu erkunden: Sie ziehen an Gegenständen oder klettern hoch – und auch Sie sollten Ihre Aufmerksamkeit darauf richten. Krabbeln Sie ruhig einmal auf Händen und Knien durch Ihr Zuhause, um die Umgebung aus demselben Blickwinkel wie Ihr Kind zu sehen.

[1] Machen Sie Steckdosen und Kabel kindersicher. Steckdosen können Sie mit Schutzabdeckungen sichern. Verlegen Sie lose Kabel von Lampen oder Haushaltsgeräten unzugänglich hinter schweren Möbeln oder sichern Sie sie mit Kabelrollern, Kabelbindern oder Kabelschächten.

[2] Befestigen Sie Türstopper an allen Zimmertüren. Diese stellen sicher, dass sich Ihr Kind die Finger nicht in der Tür einklemmen oder sich versehentlich selbst in einem Zimmer einsperren kann.

[3] Montieren Sie abschließbare Fenstergriffe oder Fenstersicherungen. Befestigen Sie Fensterstopper an geöffneten Fenstern und kippen Sie Fenster nur, anstatt sie ganz zu öffnen.

[4] Bringen Sie leuchtende Sticker auf Glastüren und großen Fenstern an, damit Ihr Kind sie sieht (und nicht versehentlich versucht hindurchzulaufen).

[5] Wickeln Sie Zugschnüre von Jalousien o. Ä. auf und platzieren Sie diese außer Reichweite, damit sich Ihr Kind nicht damit strangulieren kann.

[6] Montieren Sie Türgitter an beiden Seiten der Treppen und an den Eingängen zu Zimmern, die außerhalb des Aktionsradius Ihres Kindes bleiben sollen. Befestigen Sie lediglich am unteren Treppenabsatz ein Türgitter zum Einspannen. Am oberen Treppenabsatz sollte das Gitter fest in der Wand verankert sein.

[7] Schrauben Sie Regale und andere Möbelstücke, die umkippen können, mit Winkeln an der Wand fest. Sind diese ungesichert, können sie samt Inhalt auf Ihr Kind fallen, wenn es versucht, sich daran hochzuziehen.

[8] Verbannen Sie giftige Pflanzen und Kakteen aus dem Haus und rücken Sie alle anderen Pflanzen außer Reichweite Ihres Kindes. Werfen Sie abgefallene Blätter sofort in den Müll.

EXPERTENTIPP: Achten Sie auf Reisen auf dieselben Sicherheitsstandards wie zu Hause. Nehmen Sie ein Täschchen mit Sicherheitswerkzeugen mit, darunter Steckdosenabdeckungen, Kabelbinder für Vorhangschnüre und Sicherheitsriegel für Türen und Schubladen.

[9] Saugen Sie regelmäßig Staub, Schmutz und potenziell gefährliche, verschluckbare Gegenstände von Teppichen und Fußböden auf.

[10] Montieren Sie vor den Schlafzimmern und in der Nähe der Küche Rauchmelder. Wechseln Sie die Batterien der Rauchmelder mindestens alle sechs Monate. Halten Sie in der Nähe der Küche, außerhalb der Reichweite Ihres Kindes, einen Feuerlöscher bereit.

[11] Sichern Sie Lüftungsschlitze und Kaltluftgitter. Bringen Sie Schutzgitter vor Heißluftschlitzen an, damit sich Ihr Kind nicht verbrennen kann.

Überzeugen Sie sich bei in den Fußboden eingelassenen Luftschächten, dass sie stabil genug sind, das Gewicht Ihres Kindes zu tragen.

[12] Wenn Sie Sportschütze sind: Bewahren Sie nach Möglichkeit keine Waffen zu Hause auf beziehungsweise verstauen Sie diese ungeladen in einem verschlossenen Schrank. Bewahren Sie die Munition getrennt und ebenfalls weggeschlossen auf.

[13] Polstern Sie alle Tischecken, Fensterbretter und weitere potenziell gefährliche Stellen mit Ecken- und Kantenschutz.

[14] Bewahren Sie Streichhölzer, Chemikalien, Alkohol, Plastiktüten und Messer außerhalb der Reichweite Ihres Kindes (z.B. in verschlossenen Schränken) auf. Schließen Sie kleine Gegenstände, die verschluckt werden können, wie Knöpfe, Murmeln, Münzen, Büroklammern oder Sicherheitsnadeln, weg.

[15] Sichern Sie Hunde- oder Katzenklappen, damit Ihr Kind nicht unbemerkt nach draußen gelangen kann.

Kinderzimmerstrategien

[1] Installieren Sie ein geeignetes Bettgeländer, wenn Ihr Kind vom Gitterbett ins Kinderbett umzieht, damit es im Schlafmodus nicht aus dem Bett fällt.

[2] Bewahren Sie unter dem Kinderbett keine Schachteln oder schweren Decken auf, die für Ihr Kind zur Falle werden können. Suchen Sie das Bett regelmäßig nach kleinen Gegenständen ab, die Ihr Kind verschlucken könnte.

[3] Stellen Sie das Bett nicht in die Nähe von Fenstern oder Vorhangschnüren.

[4] Montieren Sie Ausziehstopper an die Schubladen von Kommoden oder Schrank, damit Ihr Kind sie nicht komplett herausziehen kann.

[5] Ersetzen Sie Türriegel von Wandschränken und Zimmertüren durch Verschlüsse, die leicht von innen geöffnet werden können.

Badezimmerstrategien

Lassen Sie Ihr Kind niemals unbeaufsichtigt ins Badezimmer, auch nicht beim Training zur selbstständigen Abfallentsorgung.

[1] Stellen Sie sicher, dass alle Medikamente, einschließlich Nahrungsergänzungsmittel, und Reinigungsmittel verschlossen außerhalb der Reichweite Ihres Kindes aufbewahrt werden.

[2] Legen Sie eine Gummibademette in die Wanne und Antirutschmatten auf Fliesen- oder Holzfußböden.

[3] Polstern Sie die Badewannenarmatur mit einer Gummiabdeckung ab.

[4] Lassen Sie das Wasser niemals in der Badewanne stehen. Lassen Sie es sofort ablaufen, nachdem Sie Ihr Kind aus der Wanne gehoben haben.

[5] Installieren Sie Fehlerstrom-Schutz-Steckdosen (FI-Steckdosen). Diese Steckdosen unterbrechen den Stromkreis und schalten den Strom ab, wenn eine Steckdose feucht wird oder überlastet ist.

[6] Montieren Sie eine Toilettensicherung, bis Ihr Kind größer ist und Sie es für die selbstständige Abfallentsorgung trainieren. Schließen Sie immer Klobrille und -deckel.

[7] Entsorgen Sie potenziell gefährliche Utensilien (Rasierklingen, abgelaufene Medikamente, Toilettenfläschchen) nicht im Abfalleimer in der Küche, sondern werfen Sie sie sofort in die Mülltonne.

[8] Stellen Sie den Heißwasserboiler auf unter 50° C ein.

[9] Trennen Sie unbenutzte Geräte vom Strom und verstauen Sie sie an einem sicheren Ort.

Küchenstrategien

[1] Lassen Sie Ihr Kind niemals unbeaufsichtigt in der Küche, wenn Sie heiße Gerätschaften auf dem Herd oder im Ofen haben.

[2] Verstauen Sie alle Messer, Plastiktüten und scharfen Küchenutensilien in einer abschließbaren Schublade. Bewahren Sie Gläser und schweres Geschirr außerhalb der Reichweite Ihres Kindes auf.

[3] Befestigen Sie ein Herdschutzgitter, damit Ihr Kind nicht auf die Herdplatten und an die Töpfe greifen kann, und Sicherheitsriegel an Türen und Schubladen. Verstauen Sie alle gefährlichen Gegenstände außerhalb seiner Reichweite, wenn Ihr Kind die Sicherheitsverschlüsse öffnen kann.

[4] Lassen Sie keine Stühle oder Hocker in der Nähe des Herds stehen.

[5] Verwenden Sie die hinteren Herdplatten und drehen Sie Topf- und Pfannenstiele in Richtung Fliesen.

EXPERTENTIPP: Richten Sie Ihrem Kind einen Küchenschrank mit Plastikbehältern, Holzlöffeln, kleinen Töpfen, Pfannen und anderen sicheren Gerätschaften zum Spielen ein. Wechseln Sie den Inhalt alle paar Wochen aus, damit Ihr Kind nicht das Interesse verliert. Diese Spielzeugutensilien halten es von den gefährlicheren Bereichen der Küche fern.

[6] Trennen Sie Geräte, die Sie gerade nicht benutzen, vom Strom. Installieren Sie einen Sicherheitsverschluss am Kühlschrank, damit Ihr Kind diesen nicht öffnen kann.

[7] Stellen Sie heiße Gegenstände in sicherer Entfernung zur Kante auf der Arbeitsplatte ab.

[8] Nehmen Sie Ihr Kind nicht hoch, wenn Sie heiße Speisen oder Getränke in der Hand halten.

Wohn- und Esszimmerstrategien

[1] Verstauen Sie alle zerbrechlichen Gegenstände wie Gläser, Porzellan, Kunstobjekte etc. in abschließbaren Schränken oder außerhalb der Reichweite Ihres Kindes.

[2] Benutzen Sie keine Tischsets und Tischtücher beziehungsweise knoten Sie die Ecken zusammen, damit Ihr Kind nicht am Tischtuch ziehen und kein Geschirr auf Ihr Kind herabfallen kann.

[3] Stellen Sie den Fernseher an einen sicheren Platz. Befestigen Sie ihn z.B. mit einem Gurt auf der Unterlage und/oder stellen Sie ihn so niedrig wie möglich und so weit wie möglich von der Kante entfernt.

[4] Wenn Sie einen Kamin haben, müssen Sie auch diesen sichern. Befestigen Sie Schutzgitter, die Ihrem Kind den Zugang verwehren. Entfernen Sie bei Gaskaminen oder Gasöfen alle Schlüssel oder Drehknöpfe. Bewahren Sie das Kaminbesteck außerhalb der Reichweite Ihres Kindes auf.

Strategien für draußen

Lassen Sie Ihr Kind niemals unbeaufsichtigt in Hof oder Garten. Erhöhte Aufmerksamkeit ist in der Nähe von Swimmingpools, Teichen,

Bächen und anderen Wasserflächen geboten. Ein Kleinkind kann bei einer Wasserhöhe von zweieinhalb bis fünf Zentimetern ertrinken.

[1] Umgeben Sie Wasserflächen von allen Seiten mit einem Gitter, das man absperren kann. Seien Sie besonders wachsam, wenn Ihr Kind sich in der Nähe von Wasser aufhält. Erledigen Sie keine anderen Tätigkeiten nebenher.

[2] Räumen Sie Gartenwerkzeuge, Rasenmäher und Chemikalien wie z.B. Düngemittel sofort nach Gebrauch weg. Lassen Sie Ihr Kind niemals unbeaufsichtigt in die Nähe dieser Utensilien.

[3] Sperren Sie Garagen- und Gartentore oder Schuppentüren immer ab.

⚠ *ACHTUNG: Verstauen Sie alle Behälter mit der Öffnung zum Boden, damit sich kein Regenwasser darin sammeln kann. Eimer sind besonders gefährlich, weil Kopf und Oberkörper eines Kleinkindes schwerer sind als der Unterkörper. Fällt es kopfüber in einen Eimer, kann es sich nicht mehr alleine befreien.*

[4] Sichern Sie Außensteckdosen und überprüfen Sie Fehlerstrom-Schutz-Steckdosen (FI-Steckdosen). Trennen Sie es sofort vom Strom, wenn Sie elektrisches Gartenwerkzeug nicht mehr benötigen.

[5] Lassen Sie Ihr Kind nicht in den Garten, wenn Sie Rasen mähen, Pflanzen schneiden oder Chemikalien verwenden. Lesen Sie in der Gebrauchsanweisung nach, wie lange der Garten nach der Verwendung von Dünger oder anderen Chemikalien nicht betreten werden sollte.

[6] Halten Sie Ihr Kind von einem Grill fern.

[7] Stellen Sie sicher, dass keine Zaunplanken lose sind und Ihr Kind abgestorbene oder herabhängende Äste nicht erreicht.

[8] Entfernen Sie giftige Pflanzen.

Heimlich-Handgriffe und Herz-Lungen-Reanimation

Die Heimlich-Handgriffe werden zur Entfernung eines Gegenstandes angewendet, der die Luftröhre des Kleinkindes blockiert. Hat die Atmung des Kindes ausgesetzt, kann sie durch eine Herz-Lungen-Reanimation wieder angeregt werden. Eltern und alle Betreuer sollten mit beiden Methoden vertraut sein. Viele Sanitätsdienste bieten Erste-Hilfe-Kurse an.

Erkennen von Atemproblemen

[1] Halten Sie nach Warnsignalen Ausschau. Hat das Kleinkind Schwierigkeiten beim Atmen? Läuft es blau an? Macht es Erstickungsgeräusche, ist es bewusstlos oder reagiert es nicht auf einen Reiz?

EXPERTENTIPP: Sie können in der Regel hören und/oder spüren, ob das Kleinkind atmet. Wenn Sie einen bruchsicheren Spiegel an Nase und Mund halten, beschlägt dieser bei vorhandener Atmung.

[2] Bitten Sie jemanden, den Notarzt zu rufen. Falls Sie allein sind, machen Sie eine Minute mit den Heimlich-Handgriffen oder der Herz-Lungen-Reanimation weiter, rufen Sie dann den Notarzt und kehren Sie zu Ihrem Kind zurück.

[3] Versuchen Sie, die Situation einzuschätzen. Atmet Ihr Kind? Befindet es sich mitten in einer Mahlzeit? Steckt ein Gegenstand in seinem Hals? Wenn ja, wenden Sie die Heimlich-Handgriffe an.

Ist die Atmung Ihres Kindes teilweise eingeschränkt? Keucht, würgt oder hustet es? Wenn ja, beugen Sie das Kind nach vorne, so dass sich der festsitzende Gegenstand dank der natürlichen Husten- und Würgreflexe lösen kann.

Dauert der Erstickungsanfall länger als zwei bis drei Minuten, rufen Sie den Notarzt. Wenden Sie in dieser Situation nicht die Heimlich-Handgriffe an. Sie riskieren, dass sich der Gegenstand noch weiter verklemmt.

Ist Ihr Kind bewusstlos, ohne dass seine Atemwege blockiert zu sein scheinen, führen Sie eine Herz-Lungen-Reanimation durch.

Wenden Sie weder die Heimlich-Handgriffe noch die Herz-Lungen-Reanimation an, wenn Ihr Kind gerade krank ist oder an Allergien leidet, die seine Atmung beeinträchtigen könnten. Rufen Sie sofort den Notarzt und befolgen Sie dessen Anweisungen.

Anwendung der Heimlich-Handgriffe

Wenden Sie die folgende Technik bei Kleinkindern im Alter von ein bis drei Jahren an:

[1] Legen Sie Ihr Kind auf eine harte, ebene Oberfläche (z.B. den Fußboden oder den Esstisch).

[2] Knien Sie sich mit gespreizten Beinen über Ihr Kind. Ihr Gewicht sollte nicht auf den Beinen Ihres Kindes liegen.

[3] Legen Sie einen Handballen auf den Bauch Ihres Kindes, zwischen dem Nabel und dem unteren Ende des Brustkorbs. Legen Sie die andere Hand darüber.

[4] Pressen Sie fest, aber vorsichtig, nach innen und nach oben. Drücken Sie fünf- bis sechsmal schnell hintereinander zu.

[5] Kontrollieren Sie dann, ob sich Gegenstände im Mund Ihres Kindes befinden und entfernen Sie diese vorsichtig. Tasten Sie den Mund nicht ab. Entfernen Sie keine Gegenstände, die Sie nur teilweise oder gar nicht sehen können. Durch einen entsprechenden Versuch könnten diese nur noch tiefer in den Hals rutschen.

[6] Wiederholen Sie Schritt 1 bis 5, bis die Blockierung aus Hals und Mund Ihres Kindes entfernt ist.

[7] Kontrollieren Sie die Atmung Ihres Kindes und wenden Sie, falls nötig, die Herz-Lungen-Reanimation (siehe unten) an.

Durchführung der Herz-Lungen-Reanimation

Wenden Sie die folgende Technik bei Kleinkindern im Alter von ein bis drei Jahren an:

[1] Legen Sie Ihr Kind auf eine harte, ebene Oberfläche (z.B. den Fußboden oder den Esstisch).

[2] Kippen Sie seinen Kopf leicht nach hinten, damit die Atemwege sich öffnen (Abb. A). Drücken Sie sanft auf seine Stirn und heben Sie das Kinn leicht an.

[3] Positionieren Sie Ihren Mund über Nase und Mund des Kindes. Falls Sie nicht den gesamten Mund und die Nase Ihres Kindes mit Ihrem Mund abdecken können, drücken Sie seine Nasenlöcher behutsam, aber fest mit einer Hand zu.

[4] Geben Sie zwei leichte Atemzüge in die Lunge Ihres Kindes ab (Abb. B). Überzeugen Sie sich, dass sich die Brust Ihres Kindes hebt, wenn Sie blasen. Ist nicht feststellbar, dass sich die Brust hebt, wenden Sie, falls die Atemwege blockiert sind, die Heimlich-Handgriffe an (siehe S. 187) und wiederholen dann Schritt eins bis vier.

[5] Kontrollieren Sie die Atmung Ihres Kindes. Atmet es von alleine, warten Sie auf den Notarzt. Atmet es immer noch nicht, kontrollieren Sie seinen

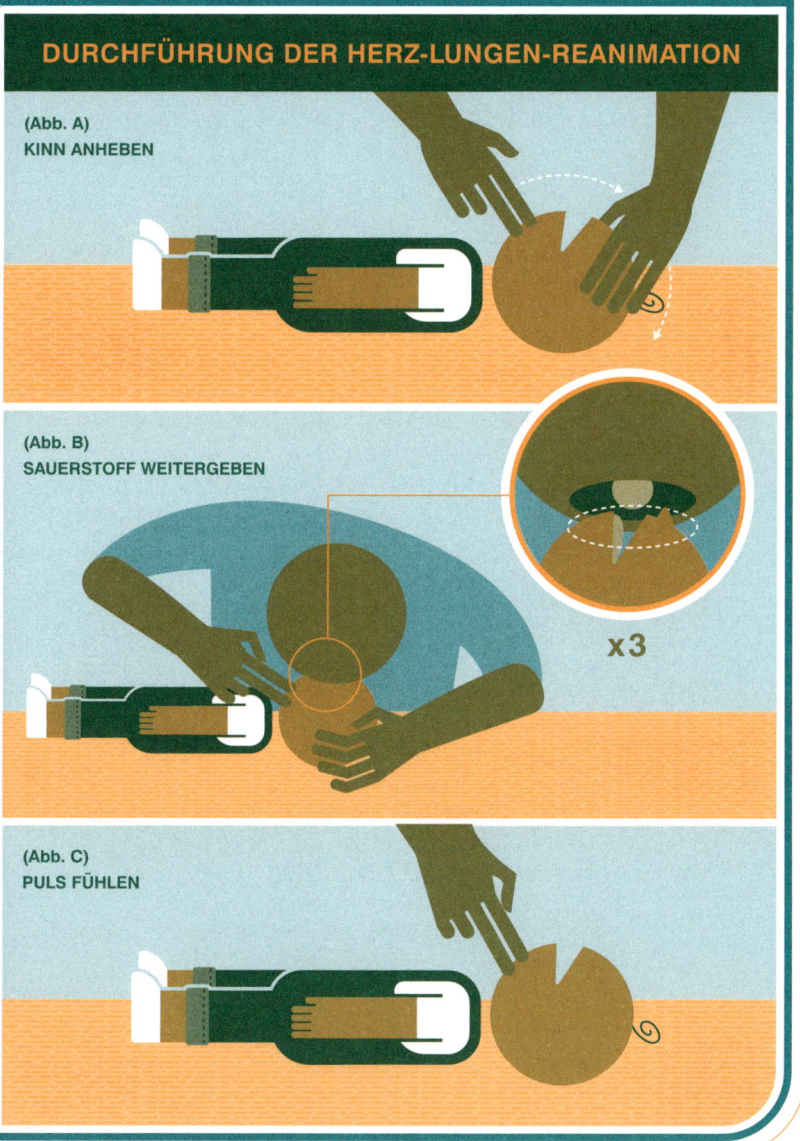

Puls. Drücken Sie mit Ihrem Zeige- und Mittelfinger leicht gegen den Hals (links oder rechts unterhalb des Kiefers) und suchen Sie den Puls (Abb. C).

[6] Wenn Sie einen Puls fühlen, Ihr Kind aber nicht atmet, wiederholen Sie eine Minute lang Schritt vier: Atmen Sie mit einem Rhythmus von 20 Atemzügen in der Minute (alle drei Sekunden ein Mal). Kontrollieren Sie den Atem nach jedem zweiten Atemzug. Falls Sie keinen Puls fühlen, gehen Sie zu Schritt sieben über.

[7] Legen Sie eine Hand auf das Brustbein Ihres Kindes. Platzieren Sie Ihre Hand so, dass der Handballen senkrecht auf dem Brustbein liegt – vom unteren Ende dieses Knochens bis fast zu den Brustwarzen.

[8] Drücken Sie die Brust zweieinhalb bis vier Zentimeter tief ein – vier- bis fünfmal innerhalb von drei Sekunden.

[9] Geben Sie nach jeder fünften Kompression einen Atemzug an Ihr Kind weiter, wie oben beschrieben.

[10] Kontrollieren Sie Atmung und Puls. Sind sie wieder feststellbar, gehen Sie zu Schritt zwölf über.

[11] Fahren Sie mit einer Rate von 80 bis 100 Kompressionen pro Minute mit der Herz-Lungen-Reanimation fort. Geben Sie nach jeder fünften Kompression einen Atemzug an Ihr Kind weiter. Wiederholen Sie den Vorgang, bis der Notarzt eintrifft.

[12] Suchen Sie die Notaufnahme eines Krankenhauses auf. Ihr Kind muss untersucht werden, um weitere Verletzungen auszuschließen.

Messen der Körpertemperatur

Die Körpertemperatur Ihres Kindes sollte 37° C betragen. Obwohl die motorischen und auditiven Fähigkeiten Ihres Kindes sich durch die Upgrades verbessert haben, ist es in diesem Alter immer noch effektiver, die Temperatur im Rektum oder in der Achsel anstatt im Mund zu messen.

⚠ *ACHTUNG: Benutzen Sie ein digitales Thermometer. Glasthermometer können zerbrechen.*

[1] Spülen Sie das Thermometer vor dem Gebrauch mit warmen Wasser ab und cremen Sie es mit Vaseline ein.

[2] Legen Sie Ihr am Unterkörper unbekleidetes Kind auf den Bauch.

[3] Führen Sie das Thermometer höchstens zweieinhalb Zentimeter tief in seinen Po ein.

⚠ *ACHTUNG: Aufgrund seiner erweiterten Mobilität windet Ihr Modell sich möglicherweise und versucht, sich umzudrehen. Halten Sie Ihr Kind vorsichtig fest und beruhigen Sie es. Wehrt es sich allzu heftig, ziehen Sie das Thermometer aus dem Po, holen einen zweiten Erwachsenen zu Hilfe und wiederholen Schritt eins bis drei.*

[4] Belassen Sie das Thermometer etwa zwei Minuten in dieser Position, bis die Körpertemperatur angezeigt wird. Die meisten Digitalthermometer geben einen Signalton, wenn es so weit ist.

[5] Ziehen Sie das Thermometer aus dem Po und lesen Sie die Temperatur ab.

[6] Liegt die Körpertemperatur bei über 39,7° C, konsultieren Sie den Kinderarzt.

*💡 **EXPERTENTIPP:** Mit einem Digitalthermometer können Sie die Temperatur Ihres Kindes auch in der Armbeuge messen. Platzieren Sie das Thermometer entsprechend und drücken Sie den Arm gegen den Körper Ihres Kindes. Die in der Armbeuge gemessene Temperatur ist um 0,05°C niedriger als die tatsächliche Körpertemperatur.*

Medikamente verabreichen

Kleinkinder sind anfällig für Infekte. Ab und an werden Sie den Download von Medikamenten aktivieren müssen, damit Ihr Modell wieder seine volle Leistungsfähigkeit erreicht. Viele Modelle leisten dabei Widerstand. Die folgenden Tipps helfen Ihnen beim Input.

Einnahme von Medikamenten

Verabreichen Sie alle Medikamente in flüssiger Form, da Kleinkinder bis zu einem Alter von sechs bis acht Jahren nicht in der Lage sind, Tabletten zu schlucken. Alternativ können Sie Ihrem Kind auch Kaudragees geben, sofern diese vom Hersteller angeboten werden.

[1] Bereiten Sie das Medikament in der gewählten Darreichungsform vor. Sie können eine Spritze ohne Aufsatz, einen Medizinbecher oder -löffel oder einen Medikamentenschnuller verwenden. Die Utensilien sollten mit Markierungen der Maßeinheiten versehen sein.

*⚠ **ACHTUNG:** Verwenden Sie keine normalen Tee- oder Esslöffel, da deren Füllmenge je nach Modell unterschiedlich sein kann.*

[2] Messen Sie die korrekte Dosis ab. Bei einem dickflüssigen Medikament fällt die richtige Dosierung mit einer Spritze leichter. Bei Medizinbechern kann Flüssigkeit an der Becherwand kleben bleiben und die geschluckte Dosis fällt dann womöglich kleiner als beabsichtigt aus.

⚠️ *ACHTUNG: Die richtige Dosierung für Ihr Kind wird entweder vom Kinderarzt auf dem Rezept vermerkt (bei rezeptpflichtigen Medikamenten), oder Sie finden sie auf dem Beipackzettel (bei frei verkäuflichen Arzneimitteln). Im Allgemeinen richtet sie sich nach dem Gewicht Ihres Kindes, nicht nach seinem Alter. Sprechen Sie mit dem Kinderarzt über die richtige Dosierung, wenn die Herstellerangaben altersbezogen sind, Ihr Kind aber weniger oder mehr als der Durchschnitt wiegt.*

[3] Geben Sie Ihrem Kind, falls erforderlich, etwas zu essen. Viele Medikamente, insbesondere Antibiotika, müssen auf vollen Magen oder zumindest im Rahmen der Mahlzeiten verabreicht werden. Sprechen Sie mit Ihrem Apotheker und lesen Sie den Beipackzettel.

[4] Gehen Sie die Prozedur positiv an und zeigen Sie Ihrem Kind vorher das Zubehör zur Einnahme des Medikaments.

[5] Geben Sie die Medizin in den Rachen oder in die Backen, damit Ihr Kind sie nicht schmeckt – und sie nicht wegen ihres womöglich bitteren oder schlechten Geschmacks wieder ausspuckt.

💡 *EXPERTENTIPP: Sprechen Sie mit dem Kinderarzt, wenn Sie befürchten, sich hinsichtlich der Dosierung geirrt zu haben.*

[6] Bieten Sie Ihrem Kind etwas zu trinken an, damit das Medikament schneller in seinen Magen gelangt.

Download bei einem »Will-nicht«-Modell

Viele Modelle lehnen den Geschmack von Medizin ab und weigern sich, sie zu schlucken beziehungsweise überhaupt den Mund zu öffnen. Wenden Sie die folgende Strategie für die Medikamentengabe bei diesem Modelltyp an:

- Kaufen Sie Medizin mit Geschmackszusatz. Viele frei verkäufliche Medikamente gibt es in unterschiedlichen Geschmacksrichtungen, die Kleinkinder mögen. Ihr Apotheker kann Antibiotika zusätzlich mit Geschmack anreichern, wenn er sie selbst mischt. Sie können auch Geschmacksbeigaben kaufen – beachten Sie jedoch, dass dies die Dosierung verändern kann. Lesen Sie die Packungsbeilage.
- Erklären Sie Ihrem Kind, warum es die Medizin nehmen muss. Manche Kleinkinder verlangen eine Erklärung für etwas, das sie nicht tun wollen, und folgen dann erst den Anweisungen.

⚠ *ACHTUNG: Bezeichnen Sie Medikamente nicht als Süßigkeiten, um Ihrem Kind die Einnahme schmackhaft zu machen. Wenn Ihr Kind unbemerkt an das Medikament herankommt, nimmt es womöglich eine Überdosis ein.*

- Bieten Sie Ihrem Kind als Beigabe zur Medizin schmackhafte Getränke oder Nahrungsmittel an: z.B. einen Bissen seines Lieblingsessens, geben Sie ihm dann die Medizin und anschließend sein Lieblingsgetränk.
- Geben Sie Ihrem Kind Speiseeis, bevor Sie ihm die Medizin verabreichen. Die Kälte dämpft die Geschmacksnerven und reduziert den Geschmack des Medikaments.
- Verabreichen Sie die Dosierung – je nach Modell – auf einen Schlag oder in mehreren kleineren Schlucken.

Medizinische Versorgung

Die meisten Kleinkinder erkranken weiterhin an denselben Krankheiten wie Babys. Behandeln Sie diese wie bisher und konsultieren Sie Ihren Kinderarzt. Darüber hinaus kann Ihr Modell, entsprechend seinem Alter und seinem neuen Aktivitätsgrad, unter neuartigen Verletzungen und Krankheiten leiden. Sprechen Sie mit Ihrem Service-Provider, wenn Sie Anzeichen für Fehlfunktionen bemerken.

Ausschläge

Ausschläge (Ekzeme) treten bei Kleinkindern häufig auf. Zu den Symptomen gehören Rötungen, Abschuppungen, Jucken, Trockenheit sowie Beulen oder Blasen auf der Haut. Meist sind diese Krankheitszeichen in den Kniekehlen, Ellbogen oder im Gesicht des Modells zu finden. Um Ausschläge zu behandeln, gehen Sie wie folgt vor:

[1] Tragen Sie zweimal täglich eine für Kleinkinder geeignete Hydrokortisonsalbe auf die betroffenen Stellen auf.

[2] Schränken Sie das Baden ein. Baden Sie Ihr Kind nur alle zwei Tage.

[3] Cremen Sie die noch feuchte Haut nach dem Baden mit einer Feuchtigkeitslotion ein.

Bienenstiche

Bienenstiche sind normalerweise nur Anlass zu ernsthafter Sorge, wenn eine Allergie besteht. Zu den Symptomen einer heftigen Reaktion zählen Schmerzen im Unterleib, Erbrechen, Atemnot und/oder Ausschläge, die nicht an der Einstichstelle auftreten. Rufen Sie beim ersten Anzeichen einer akuten Reaktion sofort Ihren

Kinderarzt an. Leichte Symptome (wie Jucken oder schwache Schwellungen an der Einstichstelle) können Sie folgendermaßen behandeln:

[1] Entfernen Sie den Stachel mit Ihrem Fingernagel. Drücken Sie über die Haut und pressen Sie den Stachel heraus. Beim Entfernen mit der Pinzette oder den Fingern kann mehr Gift austreten.

[2] Wickeln Sie eine kalte Kompresse in ein Handtuch und drücken Sie dieses fünf bis 15 Minuten direkt neben den Stich.

[3] Tragen Sie eine kortisonhaltige Salbe auf.

[4] Beobachten Sie Ihr Kind. Schwellungen oder schwere allergische Reaktionen können innerhalb von einigen Minuten, aber auch noch bis zu sechs Stunden später auftreten.

Beulen und blaue Flecken

Vorfälle mit blauen Flecken als Folgen steigen exponentiell mit der Entwicklung vom hilflosen Baby zum aktiven Kleinkind. Bei großen purpurnen Flecken am Körper Ihres Kindes handelt es sich um Hämatome – Ansammlungen von Blut und Flüssigkeit, die infolge einer Verletzung entstehen. Blaue Flecken können Anzeichen auf ernsthafte Verletzungen, wie Knochenbrüche sein, oder auch nur auf kleine, lokale Beulen hinweisen. Blaue Flecken findet man normalerweise an den unteren Extremitäten und an den Armen, aber sie können an allen Körperteilen auftrten. Da sie so häufig sind, scheinen diese Flecken über den Körper zu wandern. Tatsächlich handelt es sich um viele blaue Flecken, die an unterschiedlichen Stellen auftreten und sich wieder auflösen. Zudem kann sich Blut an einem tieferen Teil des verletzten Körperteils sammeln (z.B. kann ein blauer Fleck am Ellbogen eine Schwellung am Handgelenk verursachen). So behandeln Sie blaue Flecken:

[**1**] Legen Sie schnellstmöglich einen Kühlbeutel auf die verletzte Stelle. Das beugt blauen Flecken und Schwellungen vor.

[**2**] Beobachten Sie die blauen Flecken in den folgenden Tagen. Blaue Flecken können verhärten und verkalken, sollten dann aber in den nächsten ein bis zwei Monaten wieder verschwinden. Blaue Flecken können jedoch auch rot und/oder warm werden – das deutet auf eine sekundäre Infektion hin. Sprechen Sie mit Ihrem Kinderarzt, wenn Sie sich Sorgen machen oder sich ein blauer Fleck nicht innerhalb von drei bis fünf Tagen zurückbildet.

EXPERTENTIPP: Blaue Flecken am Kopf können zu purpurfarbenen Schwellungen unter den Augen führen. Dies ist eine normale Folge von Verletzungen am Kopf – und normalerweise kein Grund zu Sorge, sofern Sie keine Symptome, wie weiter unten unter »Kopfverletzungen« beschrieben, feststellen.

Fieber

Die meisten Service-Provider gehen davon aus, dass niedriges Fieber sogar gut für Ihr Kind ist, weil es die Reproduktion von Viren verlangsamt und so eine Verschlechterung der Krankheit verhindert. Daher empfehlen viele Kinderärzte die Behandlung von Fieber erst ab einer Körpertemperatur von 38,5° C.

ACHTUNG: Sprechen Sie mit Ihrem Kinderarzt, wenn das Fieber Ihres ein- bis vierjährigen Kindes über 39,7° C steigt.

[**1**] Fühlen Sie Stirn und Rücken Ihres Kindes. Falls diese sich warm anfühlen, messen Sie die Körpertemperatur. Beachten Sie, dass die Körpertemperatur direkt nach dem Schlafen normalerweise etwas höher sein kann.

[2] Behandeln Sie das Fieber mit Ibuprofen, wenn die Temperatur zwischen 38,3° C und 39,4°C liegt, und/oder wenden Sie sich an Ihren Kinderarzt. Geben Sie weiterhin Ibuprofen – nach den Empfehlungen Ihres Arztes.

[3] Wenden Sie sich sofort an Ihren Kinderarzt, wenn die Temperatur über 39,7° C steigt. Waschen Sie Ihr Kind mit einem warmen Schwamm ab oder baden Sie es in warmem Wasser. Verwenden Sie kein kaltes Wasser – das kann zu Schüttelfrost führen.

Giftefeu

Das Öl des Giftefeu (Giftsumach) verursacht bei Hautkontakt einen schmerzhaften, juckenden Ausschlag, der sich, wenn man kratzt, weiter ausbreitet. Daher ist es wichtig, wenngleich nahezu unmöglich, Ihr Kind am Kratzen zu hindern. Tragen Sie eine Hydrokortisonsalbe auf die betroffenen Stellen auf und decken Sie diese mit einem trockenen Tuch oder einem Verband ab, um die Ausbreitung zu verhindern. Konsultieren Sie den Kinderarzt, ob Sie ein Mittel gegen das Jucken geben sollen.

Giftstoffkontrolle

Für Kleinkinder besteht ein hohes Vergiftungsrisiko. Machen Sie Ihr Zuhause kindersicher und entfernen Sie alle Giftstoffe aus der Reichweite Ihres Kindes.

Wenden Sie sich sofort an die örtliche Giftzentrale oder den Giftnotruf, wenn Sie vermuten, dass Ihr Kind einen Giftstoff geschluckt hat. Speichern Sie die entsprechenden Telefonnummern in Ihrem Handy und Ihrem Festnetzapparat. Halten Sie die Liste der Inhaltsstoffe der verschluckten Substanz bereit und folgen Sie den Anweisungen, die Sie am Telefon erhalten.

Giftstoffe im Haushalt

Die unten aufgelisteten Giftstoffe finden sich in den meisten Haushalten. Fragen Sie Ihren Kinderarzt oder ein Giftinformationszentrum nach einer ausführlicheren Liste. Bewahren Sie diese Substanzen unter Verschluss auf:

- Alkohol (auch Mundspülungen und Reinigungsalkohol)
- Parfüm, Nagellackentferner, Haarspray, Bodylotion und Cremes, Rasiercreme und Salben
- Muskatnuss und andere Gewürze, Kochwein, Essig, Weichmacher und Aromastoffe
- Tabakwaren wie Zigaretten
- Dünger und sowie bestimmte Haus- und Gartenpflanzen
- Medikamente und Nahrungsergänzungsmittel
- Putzmittel
- Klebstoffe und Farben.

Knochenbrüche

Manchmal reicht ein Sturz, eine Bewegung oder ein Aufprall aus, dass sich ein Kleinkind einen Knochen bricht. Aufgrund der Kombination von Knochenwachstum und neu erworbener körperlicher Fähigkeiten ist das Risiko Ihres Kindes in diesem Alter größer als bei einem jüngeren oder älteren Modell.

Zu den Symptomen eines Knochenbruchs gehören u.a. Bluterguss, offensichtliche Verformung des Knochens und Druckempfindlichkeit (Schmerzen an einer ganz bestimmten Stelle).

Doch die meisten Brüche bei Kleinkindern sind Haarbrüche, die sich nur durch Druckempfindlichkeit äußern. Bewegt Ihr Kind seine Hand, seinen Fuß, seinen Arm oder sein Bein ungewöhnlich, oder hat es einen Bluterguss, der sich nicht auflöst, berühren Sie den Bereich vorsichtig und prüfen, ob er druckempfindlich ist. Falls ja, konsultieren Sie den Kinderarzt, der die Stelle röntgen (lassen) kann.

Kopfverletzungen

Kopfverletzungen sind bei aktiven Kleinkindern, die noch nicht so gut koordiniert sind, normal. Behandeln Sie Kopfverletzungen mit einem Kühlbeutel, um die Schwellung zu reduzieren, und sprechen Sie mit dem Service-Provider. Hat Ihr Kind eine gravierendere Kopfverletzung, ist aber bei Bewusstsein, wenden Sie sich an den Kinderarzt, wenn Ihr Kind eines der folgenden Symptome zeigt:

- Pupillen verändern die Größe, wenn Sie mit einer Taschenlampe hineinleuchten,
- Erbrechen,
- Lethargie oder Schläfrigkeit. Sie können Ihr Kind nur schwer wach bekommen,
- Hartnäckige Schwellung oder Beule an der Aufprallstelle.

⚠ *ACHTUNG: Rufen Sie sofort den Notarzt, wenn Ihr Kind nach einer Kopfverletzung bewusstlos ist.*

Läuse

Mit dem Besuch eines Kindergartens oder einer Kindertagesstätte steigt die Wahrscheinlichkeit, dass Ihr Kind Läuse bekommt. Kopfläuse legen weiße Nissen (Eier) dicht an der Haarwurzel ab. Bei Kleider- oder Körperläusen kommt es zu Schorf am Körper, der wie unterschiedliche Formen eines Ausschlags aussehen kann. Beide Arten rufen Jucken hervor – und beide Arten übertragen sich auf andere Menschen. Hat Ihr Kind Läuse:

[1] Sprechen Sie mit Ihrem Kinderarzt und kaufen Sie Läuseshampoo, -seife und gegebenenfalls weitere Mittel. Behandeln Sie alle Familienmitglieder. Haustiere müssen nicht behandelt werden.

[2] Waschen Sie alle Decken, Bettsachen und Kleidungsstücke mit möglichst hohen Temperaturen. Verpacken Sie alle Kissen, Kleidungsstücke und Materialen, die nur gereinigt oder gar nicht gewaschen werden können, für zwei Wochen luftdicht in Plastiktüten, um die Läuse abzutöten. Saugen Sie sämtliche Teppiche ab, um befallene Haare, die auf den Boden gefallen sein könnten, zu entfernen.

Mittelohrentzündung

Ohrinfekte sind das Ergebnis einer viralen oder bakteriellen Infektion im Mittelohr. Leichte Ohrinfektionen können zwischen drei und fünf Tagen dauern oder über mehrere Wochen hinweg immer wieder auftreten. Dauert eine Mittelohrentzündung länger als fünf Tage, sollten Sie Kontakt mit Ihrem Service-Provider aufnehmen.

Zu den Symptomen einer Mittelohrentzündung zählen untröstliches Weinen, Greifen nach dem Ohr, Fieber sowie Schmerzen bei Veränderung der Körperhaltung (vom Liegen zum Stehen). Wenden Sie sich an den Kinderarzt, wenn Sie vermuten, dass Ihr Kind an einem Ohrinfekt leidet.

Zwei Drittel aller Mittelohrentzündungen sind viral bedingt und können mit normalen Medikamenten behandelt werden, ein Drittel ist allerdings bakteriell verursacht und muss mit Antibiotika therapiert werden. Treten die Beschwerden sehr schnell auf und bringen Lageveränderungen keine Verbesserung, ist dies ein Hinweis auf eine bakterielle Mittelohrentzündung. Suchen Sie sofort Ihren Service-Provider auf. Geben Sie Ihrem Kind während des Zeitraums, in dem es Antibiotika erhält, regelmäßig Joghurt zu essen, um seine Darmflora zu schützen. Es ist nicht ungewöhnlich, dass die Behandlung einer Ohrinfektion einen ganzen Monat in Anspruch nimmt.

EXPERTENTIPP: *Verwenden Sie eine Pipette, um an jedem Ohr einen Tropfen Olivenöl an den Anfang des Gehörgangs zu träufeln. Lassen Sie das Öl in den Ohrkanal laufen. Das Olivenöl trägt zur Linderung der Beschwerden bei.*

Nahrungsmittelallergien

Kleinkinder können allergisch auf bestimmte Nahrungsmittel reagieren. Normalerweise werden Nahrungsmittelallergien vererbt. Sprechen Sie mit dem Kinderarzt, wenn ein Elternteil unter einer Nahrungsmittelallergie leidet, ehe Sie die Nahrungsmittel bei Ihrem Kind einführen. Die Symptome treten innerhalb einer Stunde nach Verzehr auf, darunter Ausschlag, keuchende Atmung oder Ohnmacht. Sprechen Sie mit Ihrem Kinderarzt und einem Ernährungsfachmann und/oder Allergologen, wenn Sie eine Allergie vermuten. Normalerweise behandelt man Allergien durch ein Weglassen der betreffenden Nahrungsmittel. Achten Sie auf die Inhaltsstoffe bestimmter Speisen, wenn eine Unverträglichkeit diagnostiziert wurde, ehe Sie die Lebensmittel Ihrem Kind anbieten.

Zu den häufigsten Nahrungsmittelallergien gehören:

- Milch
- Eier
- Erdnüsse und andere Nüsse
- Erdbeeren
- Fisch und Meeresfrüchte
- Weizen
- Soja

EXPERTENTIPP: *Viele Kleinkinder entwachsen einer Nahrungsmittelallergie, bis sie in die Grundschule kommen.*

Schnitte und Abschürfungen

Schnitte und Abschürfungen sind das Resultat kleinerer Hautverletzungen. Die Haut blutet oder weist Schrammen auf. Säubern Sie die betroffenen Stellen mit Seife und Wasser, entfernen Sie eventuell hineingeratenen Schmutz und drücken Sie ein sauberes Tuch darauf, bis die Blutung gestillt ist. Die meisten Kleinkinder reagieren zwar positiv auf das Aufkleben eines Pflasters (insbesondere, wenn darauf das Lieblingsmotiv aufgedruckt ist), doch lassen Sie die Wunde beziehungsweise die Abschürfung, wenn möglich, offen, damit sie schneller abheilt. Tragen Sie eine antibiotische Wundsalbe auf, wenn die Wunde nach einigen Tagen nicht deutlich besser aussieht.

Sehvermögen

Viele Kleinkinder weisen Funktionsstörungen der visuellen Sensoren auf, wodurch das Tragen einer Brille erforderlich wird. Zu den häufigsten Fehlfunktionen bei Kleinkindern zählen:

- Kurzsichtigkeit: Ihr Kind tut sich schwer, weiter entfernte Gegenstände zu erkennen.
- Weitsichtigkeit: Ihr Kind tut sich schwer, Gegenstände in der Nähe zu erkennen.
- Schielen: Ein Auge Ihres Kindes behält die korrekte Stellung bei, das andere driftet weg.

Ziehen Sie folgende Faktoren in Betracht, wenn Sie das Sehvermögen Ihres Kindes testen:

- Sind beide Modellinhaber kurzsichtig, ist die Wahrscheinlichkeit hoch, dass auch das gemeinsame Kind kurzsichtig ist.
- Beobachten Sie, welchen Abstand Ihr Kind zum Fernseher oder zu einem Buch einnimmt.

- Halten Sie einen Gegenstand in einiger Entfernung hoch und zeigen Sie ihn Ihrem Kind. Versuchen Sie festzustellen, ob Ihr Kind ihn sehen kann.
- Halten Sie einen Gegenstand in der Nähe hoch und zeigen Sie ihn Ihrem Kind. Versuchen Sie festzustellen, ob Ihr Kind ihn sehen kann.

Wenden Sie sich an einen Augenarzt, wenn Sie glauben, dass das Sehvermögen Ihres Kindes eingeschränkt ist.

Streptokokken

Streptokokken sind hochansteckende Bakterien – die bei Kleinkindern, die eine Kindertagesstätte oder einen Kindergarten besuchen, des Öfteren vorkommen. Symptome für eine entsprechende Infektionserkrankung sind u.a. Fieber, Halsschmerzen, Kopfschmerzen, Bauchschmerzen und/oder Ausschlag. Diese Infektion muss vom Kinderarzt behandelt werden. Um eine entsprechende Diagnose zu stellen, nimmt der Arzt normalerweise einen Rachenabstrich vor. Zur Behandlung wird in den meisten Fällen ein Antibiotikum verschrieben. Auch falls sich Ihr Kind wegen der Halsschmerzen zu essen und zu trinken weigert, ist es wichtig, dass es ausreichend Flüssigkeit zu sich nimmt.

Treten Streptokokken häufig (vier- bis sechsmal im Jahr) in Verbindung mit Schnarchen oder Schlafapnoe auf, kann eine Mandeloperation notwendig sein. Sprechen Sie mit dem Kinderarzt.

Stromschläge

Neugierige, aktive Kleinkinder sind gefährdet, in eine Steckdose zu greifen oder in ein Kabel zu beißen. Schützen Sie Ihr Kind durch die entsprechenden Vorsichtsmaßnahmen. Steckt Ihr Kind einen Metallgegenstand in eine Steckdose oder greift es direkt in den Strom, wird es aller Voraussicht nach schnell genug zurückzucken, ohne dass es zu einer ernsthaften Verletzung kommt – und Sie werden unter Umständen gar nichts mitbekommen. Suchen Sie nach Verbrennungen, wenn Sie vermuten, dass Ihr Kind einen Stromschlag erlitten hat. Möglicherweise entdecken Sie Verbrennungen dritten Grades, wie z. B. einen schwarzen Punkt an der Kontakt- oder Austrittsstelle (die sich am gesamten Körper des Kindes befinden kann), oder weniger schwere Verbrennungen ersten und zweiten Grades, die Sie an Blasen, Rötungen oder Schwellungen erkennen.

Erleidet Ihr Kind einen schweren Schock, z. B. durch einen Biss in ein Stromkabel, kann es das Bewusstsein verlieren und einen Herzstillstand erleiden. Unterbrechen Sie sofort die Stromversorgung, rufen Sie den Notarzt und führen Sie eine Herz-Lungen-Reanimation durch.

⚠️ *ACHTUNG: Wenden Sie sich bei einem Stromschlag sofort an den Kinderarzt – auch geringfügige Verbrennungen können zu schweren inneren Verletzungen führen.*

Verletzungen durch Tiere

Hundebisse und Kratzer durch Katzenkrallen treten an den ungeschützten Extremitäten Ihres Kindes auf. Beide sollten Sie behandeln und beobachten.

■ Anzeichen für Hundebisse sind spitze Abdrücke und kleinflächige Hautblutungen an der Kontaktstelle. Stellen Sie, wenn möglich, fest, ob das Tier geimpft ist und konsultieren Sie den Kinderarzt. Wenn eine kleinere Wunde vorliegt, reinigen Sie die betroffene Stelle und behandeln Sie sie mit einer antibiotischen Wundsalbe sowie einem Pflaster. Beobachten Sie, ob die Wunde sich entzündet. Rötungen, Schwellungen und Wundsekret können Hinweise auf eine Entzündung sein. Sollten Sie derartige Symptome bemerken, kontaktieren Sie den Kinderarzt. Die Wunde sollte innerhalb von sieben bis zehn Tagen abheilen.

■ Anzeichen für Kratzer durch Katzen sind Schrammen und Schwellungen an der betroffenen Stelle. Reinigen Sie die Wunde gründlich, tragen Sie eine antibiotische Salbe auf und kleben Sie ein Pflaster auf. Infolge des Kratzers kann Ihr Kind an der Katzenkratzkrankheit erkranken. Zu den Symptomen zählen geschwollene Drüsen sowie Fieber. Fragen Sie den Kinderarzt um Rat. Kratzer und – eine behandelte – Katzenkratzkrankheit heilen in etwa einer Woche aus.

Verbrennungen

Zu Verbrennungen kommt es, wenn ein Kleinkind eine heiße Oberfläche berührt oder über eine längere Zeit ungeschützt der Sonne ausgesetzt ist. Verbrennungen ersten Grades sind geringfügigere Verbrennungen, die oft rot und schmerzhaft sind. Verbrennungen zweiten Grades sind gravierender. Sie sind meist rot und schmerzhaft und werfen Blasen. Verbrennungen dritten Grades (kaum schmerzhafte Verbrennungen mit Blasen) sind sehr ernsthaft und müssen sofort ärztlich behandelt werden.

Behandlung von Verbrennungen ersten und zweiten Grades

[1] Tauchen Sie die betroffene Stelle für zehn Minuten in kaltes Wasser, um Schwellungen, Rötungen und die Entwicklung von Blasen möglichst gering zu halten. Behandeln Sie die Wunde nicht mit Eis.

[2] Legen Sie einige Minuten lang einen kalten Waschlappen auf die betroffene Stelle.

[3] Tragen Sie antibiotische Salbe, Brandsalbe oder eine Salbe mit Aloe vera auf – verwenden Sie keine Butter, kein Öl und keine anderen Salben.

Verschluckte Objekte/ Objekte in der Nase

Wird der Vorgang nicht vom Modellbesitzer beobachtet, kann ein Objekt, das Ihr Kind verschluckt oder sich in die Nase gesteckt hat, dort länger feststecken. Gehen Sie, wenn nötig, folgendermaßen vor:

■ *Verschluckte Objekte:* Wenden Sie die Maßnahmen gegen Ersticken an, wenn Ihr Kind Schwierigkeiten beim Schlucken oder Atmen hat und suchen Sie im Anschluss sofort ein Krankenhaus auf. Weitere Hinweise darauf, dass Ihr Kind etwas verschluckt haben könnte, sind Erbrechen und Bauchschmerzen. Wenden Sie sich an den Kinderarzt, der möglicherweise eine Röntgenaufnahme anordnen wird.

■ *Objekte in der Nase:* Objekte in der Nase sind im Allgemeinen leichter zu diagnostizieren als verschluckte Objekte. Wenn Sie sehen, wie Ihr Kind sich etwas in die Nase steckt, bestärken Sie es, den Gegenstand auszupusten oder in ein Taschentuch zu schnäuzen. Wenn Sie bemerken, dass der Nasenschleim nur auf einer Nasenseite abläuft und unangenehm riecht, wenden Sie sich an den Kinderarzt.

Zahnverletzungen

Abgebrochene oder lockere Zähne (z.B. von einem Fahrradunfall oder Treppensturz) sind normalerweise nicht gefährlich, solange der Zahn noch im Zahnbett steckt. Dennoch wird ein Besuch beim Zahnarzt empfohlen. Fällt ein Zahn aus oder wurde er ausgeschlagen, drücken Sie auf die Wunde, um die Blutung zu stillen, suchen Sie den Zahn und wenden Sie sich dann sofort an Ihren Zahnarzt.

EXPERTENTIPP: Drücken Sie einen nassen Teebeutel – möglichst koffeinfrei – auf das blutende Zahnfleisch, um die Blutung zu stillen.

[Anhang]

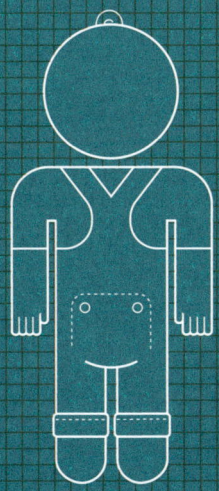

Toiletten-Tagebuch

Name des Modells

TAG	07.00 Uhr	07.30 Uhr	08.00 Uhr	08.30 Uhr	09.00 Uhr	09.30 Uhr	10.00 Uhr	10.30 Uhr	11.00 Uhr	11.30 Uhr	12.00 Uhr	12.30 Uhr
SO.												
MO.												
DI.												
MI.												
DO.												
FR.												
SA.												

	UT Urin in Toilette	**TTS** Training Töpfchen sitzen	**SH** Stuhl in Hose	**UH** Urin in Hose	**SB** Stuhl in Bett	**UB** Urin in Bett
...Toilette						

14.00 Uhr	14.30 Uhr	15.00 Uhr	15.30 Uhr	16.00 Uhr	16.30 Uhr	17.00 Uhr	17.30 Uhr	18.00 Uhr	18.30 Uhr	19.00 Uhr	19.30 Uhr	20.00 Uhr	20.30 Uhr	21.00 Uhr

KLEINKIND-SCHLAFTABELLE

	SO.	MO.	DI.	MI.	DO.	FR.	SA.
23.30 Uhr							
23.00 Uhr							
22.30 Uhr							
22.00 Uhr							
21.30 Uhr							
21.00 Uhr							
20.30 Uhr							
20.00 Uhr							
19.30 Uhr							
19.00 Uhr							
18.30 Uhr							
18.00 Uhr							
17.30 Uhr							
17.00 Uhr							
16.30 Uhr							
16.00 Uhr							
15.30 Uhr							
15.00 Uhr							
14.30 Uhr							
14.00 Uhr							
13.30 Uhr							
13.00 Uhr							
12.30 Uhr							
12.00 Uhr							
11.30 Uhr							
11.00 Uhr							
10.30 Uhr							
10.00 Uhr							
09.30 Uhr							
09.00 Uhr							
08.30 Uhr							
08.00 Uhr							
07.30 Uhr							
07.00 Uhr							
06.30 Uhr							
06.00 Uhr							
05.30 Uhr							
05.00 Uhr							
04.30 Uhr							
04.00 Uhr							
03.30 Uhr							
03.00 Uhr							
02.30 Uhr							
02.00 Uhr							
01.30 Uhr							
01.00 Uhr							
00.30 Uhr							
00.00 Uhr							

Register

12 bis 18 Monate
    Emotionale und soziale Meilensteine 133
    Körperliche Entwicklungsstufen 126-28
    Spielzeug 41-45
    Sprachliche Entwicklungsstufen 130

18 bis 24 Monate
    Emotionale und soziale Meilensteine 133
    Körperliche Entwicklungsstufen 128
    Morgen- und Mittagsschlaf 81
    Spielzeug 41-45
    Sprachliche Entwicklungsstufen 130

24 bis 30 Monate
    Emotionale und soziale Meilensteine 134
    Körperliche Entwicklungsstufen 128
    Morgen- und Mittagsschlaf 82
    Spielzeug 44-45
    Sprachliche Entwicklungsstufen 131

30 bis 36 Monate
    Emotionale und soziale Meilensteine 134-135
    Körperliche Entwicklungsstufen 128
    Spielzeug 43-45
    Sprachliche Entwicklungsstufen 131

36 bis 48 Monate
    Morgen- und Mittagsschlaf 82

Abfallentsorgung 98-107
    Sauberkeitstraining 99-107
    Windeln 98f.
Abschürfungen 203
Abwechseln 172f.
Albträume 90-94
Antihistamine 89
Anweisungen folgen 176f.
Anziehen, siehe Selbstständiges Anziehen
Atemprobleme 187-192
Aufnehmen eines Kleinkindes 32f.
Ausschlag 198
Außer-Haus-Betreuung, Vorbereitung 135ff.
Auszeit 161-164
Autokindersitz 26-28
Autositze 26-29, 46
Autoreisen 46

Babysitter 135-139
Bälle 41
Bauklötze 41, 43
Bausteine 41, 43
Beißen 166
Benehmen siehe Erziehung
Betten 18
    Gemeinsam mit dem Kleinkind schlafen 79f.
    Umzug vom Gitter- ins Kinderbett 78f.
Beulen und blaue Flecken 199f.
Bewegung und Beweglichkeit 126
Bienenstiche 198f.
Bilderbücher 41f.
»Bitte sagen« 171
Blutender Gaumen 211
Bollerwagen 29
Bücher 19, 42
Bücherregale 19

»**D**anke« sagen 171
Daumenlutschen 145

Deinstallation von Tröstern 146f.
Differenzierte Aufmerksamkeit 156f.
Dreiräder 29

Eiweiß 58
Entwicklung, siehe Wachstum und Entwicklung
Entwicklungsstufen
 Emotional und sozial 132-135
 Körperlich 126-128
 Verbal 130f.
Ekzeme 198, 205
Emotionale und soziale Entwicklung 132-135
Entfernen eines beanstandeten Gegenstands 160
Entwöhnung
 Brust- oder Flaschenfütterung 52-54
 Saft 61
Ernährung 55-58
 Eiweiß 58
 Ernährungspyramide 56
 Erstickungsgefahr 59
 Getreide 57
 Kalorien 55f.
 Milchprodukte 57
 Obst und Gemüse 57
 Siehe auch Füttern, Nahrungsmittel
Ernährungsrichtlinien 55-61
Erstickungsgefahr 59
Erziehung
 Akustische Verwarnung 159
 Auszeit 161-164
 Beißen 166
 Differenzierte Aufmerksamkeit 156f.
 Entfernen eines beanstandeten Gegenstands 160
 Essen werfen 167
 Generelle Strategien 154f.
 Installieren fortgeschrittener Verhaltensfunktionen 170-177

 »Korrigieren«-Strategie 160
 Positives Verhaltensfeedback 159
 Quengeln 169
 Schlagen, Treten, Schubsen, Zwicken oder Spielzeug werfen 167
 Wutanfälle 168f.
Erziehung, fortgeschritten 170-177
 Abwechseln 172f.
 Anweisungen folgen 176f.
 »Bitte« und »danke« sagen 171
 Korrekte Antwort auf »Nein!« 170f.
 Selbstberuhigung 174, 176
 Teilen 173f.
 Warten 172
Essstörungen 75
Essen oder Spielzeug werfen 167

Fast Food 58
Fieber 200f.
Fingerlutschen 145
Flugreisen 46-49
Füttern 52-75
 Eigenständiges Essen 64f.
 Programmierung der Esszeiten 62f.
 Zubehör 22f.
 Siehe auch Ernährung, Nahrungsmittel

Gaumen, Bluten 211
Gemeinsam mit dem Kleinkind schlafen 79f.
Gemüse 57
Geschwisterkind, Vorbereitung 148-151
Getränke 59-61
Getreide 57
Gewicht, Prozentwerte 122-125
Giftefeu 201
Giftstoffe kontrollieren 201
Gitterbett zu Kinderbett, Umzug 78f.
Größe, Prozentwerte 122-124
GS-Zeichen 42

Haare waschen 108-110
Hände waschen 110f.
»Heikler-Esser«-Modell 67-69
Heimlich-Handgriffe 187-192
Herz-Lungen-Reanimation 190-192
Hosen anziehen 113

»Ich komme gleich wieder«-Methode 86f.
Ignorieren
  Bei elterlicher Anwesenheit 86
  Konsequentes Ignorieren 87

Jacke anziehen 118

Kalorienbedarf 55ff.
Kindersicher machen 180-186
Kindertagesstätte 135-139
Kleidung 22, 24f., 112-117
Knochen, gebrochen 202
Körperliche Entwicklungsstufen 126ff.
Kopfverletzungen 203
Küchenstrategien, Sicherheit 184f.
Kuscheln 37

Läuse 203f.
Lastwagen, Spielzeug 42
Links-/Rechtshändigkeit 128
Loben 37

Malzubehör 42
Medizinische Versorgung 198-211
Medizin verabreichen 194-197
Milch 57, 60
Milchprodukte 57
Mittelohrenzündung 204f.
Morgen- und Mittagsschlaf 82
Musik 40
Musikinstrumente 42f.

Nachtängste 91, 94
Nachtisch 58, 74

Nächtliches Spielen 95
Nahrungsmittel
  Allergien auf 205
  Ungeeignete Nahrung 58
  Vorbereiten 62f.
  Werfen 167
  Siehe auch Füttern, Ernährung
Nahrungsmittelallergien 205
»Nein!«, Training der korrekten Reaktion 170f.
Nickerchen 82

Oberteile anziehen 113-116
Objekte in der Nase 211
Objekte, verschluckt 211
Obst 57
Öffentliche Toiletten 107
Ohrdruck, in Flugzeugen 49
Ohrläppchen reiben 37
Outdoor-Strategien, Sicherheit 185f.

Pappbilderbücher 42
Positives Verhaltensfeedback 159
Prozentwerte Größe und Gewicht 122-124
Puppen und Puppenhäuser 42
Puzzles 43

Quengeln 169

Regale 181
Reinigungszubehör 23
Reisen
  Autoreisen 46
  Flugreisen 46-49
  Sicherheitsstandards 180-182
  Schlafen 88f.
Reitspielzeuge 43
»Reparieren«-Strategie 160
Rucksacksitz 34-36

Saftentwöhnung 61
Säfte 60
Sandspielzeug 43
Sauberkeitstraining 98-111
   Intensivtraining 105f.
   Öffentliche Toiletten 107
   Richtiger Zeitpunkt 99ff.
   Schritt-für-Schritt-Methode 104f.
   Toilettentraining für die Nacht 106f.
   Vorbereitung für 101
Schaukelstuhl 18
Schlafen 78-95
   Auf Reisen 87f.
   Booten des Schlafmodus 83-87
   Ermuntern 86f.
   Gemeinsam mit dem Kleinkind
     schlafen 79f.
   Morgen- und Mittagsschlaf 81f.
   Nickerchen 82
   Schlafbereich 78-80
   Schlafdauer 81f.
   Schlafstörungen 90-95
   Schlaftabelle 216
   Tagesschlaf 82
   Umzug vom Gitter- ins Kinderbett 78f.
   Zubehör 22f.
Schlafmittel 88f.
Schlafstörungen 90-95
   Albträume 90f.
   Nachtängste 91, 94
   Nächtliches Spielen 95
Schlagen 167
Schnabeltasse 52f., 65
Schnitte und Abschürfungen 206
Schuhe anziehen 116f.
Schultersitz 33-35
Sehvermögen 206f.
Selbst anziehen 112-119
   Ermutigen 118f.
   Jacken 118
   Oberteile 113-116

   Socken und Schuhe 116f.
   Unterwäsche und Hosen 113
Selbst beschäftigen 142
Selbst beruhigen 174, 176
Selbst entwöhnen 54
Selbst essen 64f.
Selbst reinigen 108-111
Selbst waschen 108
Selbstbeschäftigung 142f.
Selbstberuhigung 174, 176
Selbstreinigung 108-111
Sicherheitshinweise und Notfall-
   versorgung 178-211
Sicherheitsstrategien
   Badezimmerstrategien 183
   Generelle Sicherheitsstrategien
     180-182
   Kinderzimmerstrategien 182f.
   Küchenstrategien 184f.
   Strategien für Draußen 185f.
   Wohn- und Esszimmerstrategien 185
Sicherheitsstrategien Bad 183f.
Sicherheitsstrategien Kinderzimmer 182f.
Singen 37
Sitzerhöhungen 27f.
Sitze mit erhöhter Fußfreiheit, Flugzeug 48
Soziale und emotionale Entwicklung
   132-135
Socken und Schuhe anziehen 116f.
Spiele 43
Spielen mit dem Kleinkind 38-45
   Gemeinsames Spielen 38f.
   Musik und Tanz 40
   Spielzeug 41-45
Spielzeug 19, 41-45, 167
Spielzeug zum Schieben und Ziehen 41
Spielzeugautos 42
Spielzeugeisenbahn 42
Spielzeugkiste 19
Sportgeräte 43
Sprechen 129-131

Stoßen 167
Streptokokken 207
Stromschlag 207f.
Stühle 18f.
Süßigkeiten 58, 72-74

Tabellen
　Prozentwerte Größe und Gewicht 123f.
　Schlaftabelle 216
Tagesschlaf 82
Tanzen 40
Teilen 173f.
Temperatur messen 193f.
Tischmanieren 66f.
Tischregeln 66-74
　Model »Heikler Esser« 67-69
　Modell »Will-nicht-essen« 69, 72
　Tischmanieren 66f.
　Vorlieben 72
　Zucker und Süßigkeiten 72-74
Toiletten, öffentlich 107
Toilettentagebuch 214f.
Toilettentraining für die Nacht 106f.
Trennungsangst 138-141
Treten 167
Tritthocker 19
Trinklerntasse 52-54, 65
Trinktassen 65
Trösten 36f.
Toilettentraining siehe Sauberkeitstraining

Unterwäsche anziehen 113
Updates der Transportmittel 26-29
　Autositze 26-28
　Fahrzeuge 28f.

Verbale Entwicklungsstufen 130f.
Verbrennungen 209f.
Verletzungen durch Tiere 208f.
Verschluckte Objekte 211

Wachstum und Entwicklung 120-151
　Bewegung und Beweglichkeit 126
　Daumen- und Fingerlutschen 145-147
　Deinstallation von Tröstern 144-147
　Emotional und sozial 132-135
　Geschwisterkind, Vorbereitung 148-151
　Körperlich 127-128
　Prozentwerte Größe und Gewicht 123f.
　Selbstbeschäftigung 142f.
　Verbal 130f.
　Zähne 125-126
»Der wandernde Stuhl«-Methode 86
Warten lernen 172
Wasser trinken 60f.
»Will-nicht-essen«- Modell 69, 72
Wickeltisch 18
Windeln 98f.
Wohn- und Esszimmerstrategien, Sicherheit 185
Wutanfälle 168f.

Zahnpflege 111
Zahnverletzungen 211
Zähne
　Abgebrochen oder locker 211
　Zahnentwicklung 125f.
Zubehör 22-25
　Flugreisen 46-48
　Füttern 23
　Kleidung 22, 24f.
　Malen und Basteln 42
　Schlafen 22
　Toilettentraining 22
　Waschen 23
　Zähne putzen 111
Zucker 72-74
Zwicken 167
Zwillingsbuggy 29

Die Autoren:

DR. BRETT R. KUHN ist Privatdozent für Kinderheilkunde und Direktor der Pädiatrischen Schlafklinik an der Universitiy of Nebraska. Er hat zahlreiche Bücher veröffentlicht und ist gefragter Experte bei diversen Elternzeitschriften. Gemeinsam mit seiner Frau Tami hat er drei Kinder erfolgreich durch die Kleinkindzeit gebracht.

JOE BORGENICHT ist P.A.P.A., Autor und Unternehmer. Er ruft häufig seinen Vater Louis an, um ihn um Rat zu fragen. Gemeinsam haben sie »Baby – Betriebsanleitung« geschrieben. Daneben hält er zusammen mit seiner Frau Melanie erfolgreich die beiden Söhne in Betrieb.

Die Illustratoren:

PAUL KEPPLE und **JUDE BUFFUM** sind besser bekannt als Studio **HEADCASE DESIGN**, das in Philadelphia ansässig ist. Über ihre Arbeit wurde bereits in zahlreichen namhaften Designzeitschriften berichtet. Vor der Eröffnung von Headcase Design 1998 arbeitete Paul mehrere Jahre für Running Press Book Publishers. Beide machten ihren Abschluss an der Tylor School of Art, wo sie heute auch unterrichten.

ZERTIFIKAT DES BESITZERS

Herzlichen Glückwunsch! Sie haben nun alle Instruktionen dieses Handbuchs gelesen und sind perfekt vorbereitet für die Instandhaltung Ihres Kleinkinds. Mit der richtigen Wartung und Aufmerksamkeit wird Ihnen Ihr Modell ein Leben lang Freude und Glück bereiten.

Genießen Sie es!

Name des Besitzers

Name des Modells

Lieferdatum

Geschlecht

Augenfarbe

Haarfarbe

Das coole Geschenk für alle werdenden und frischgebackenen Eltern

Einzigartiges
Design –
Illustrationen
mit Liebe fürs
Detail

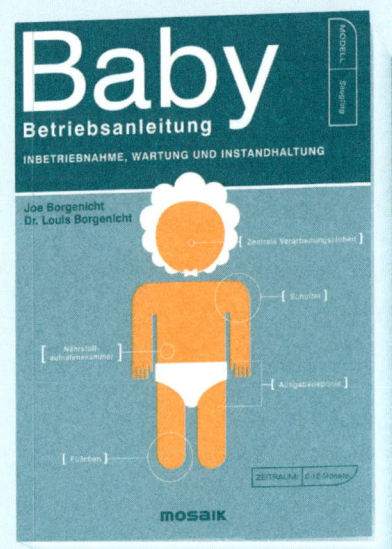

Gratulation, ein Baby! Doch leider hat man das kleine Wunder an Design und Funktionalität ohne entsprechende Gebrauchsanweisung geliefert. Wie gestaltet man die Fehlersuche bei akustischen Signalen oder aktiviert den dringend nötigen Schlafmodus? Dieser Ratgeber hilft weiter und gibt mit viel Humor & witzigen Schaubildern umfassend Antwort.

mosaik
www.mosaik-verlag.de

248 Seiten

978-3-442-39250-6

Auch als E-Book erhältlich